Stefanie Kron

„Fürchte Dich nicht, Bleichgesicht !“

Perspektivenwechsel zur Literatur Afro-Deutscher Frauen

UNRAST

Die Deutsche Bibliothek – CIP-Einheitsaufnahme

Stefanie Kron : „Fürchte Dich nicht, Bleichgesicht !“ : Perspektivenwechsel zur Literatur Afro-Deutscher Frauen / Stefanie Kron. - 1. Aufl. - Münster : Unrast, 1996
ISBN 3-928300-52-0

Stefanie Kron, „Fürchte Dich nicht, Bleichgesicht !“
1. Auflage, November 1996
ISBN 3-928300-52-0

Der Abdruck der Gedichte von May Ayim erfolgt mit freundlicher Genehmigung des Orlanda Frauenverlages. Danke.
Umschlaggestaltung: photon, Tom Heyken, Münster
Satz: UNRAST-Verlag, Münster
Druck: Rosch-Buch, Hallstadt

Inhalt

ich male dir
ein dunkles gedicht
für dein weißes
gesicht
mit einem rahmen
aus dem du fällst
so wie ich
auf neuen boden
ich male wort
für wort
dir
SCHWARZ
vor augen und ohren
ein dunkles gedicht
fürchte dich nicht
bleichgesicht

ich bin's

May Ayim [1]

Vorwort

Vor längerer Zeit fiel mir ein Buch mit dem Titel *Farbe bekennen* in die Hände. Den Untertitel *Afro-deutsche Frauen auf den Spuren ihrer Geschichte* fand ich spannend und begann, die Lebensgeschichten und Gedichte dieser Frauen zu lesen. Ich wußte zwar einiges über die Geschichte und Kämpfe Schwarzer Frauen in Amerika und Afrikas, und hatte mich in unterschiedlichen Gruppen mit den verschiedenen Facetten des Rassismus auseinandergesetzt, aber erst jetzt rückte dieses theoretische Wissen sehr nah an meine eigene Realität heran. Rassismus in Deutschland begriff ich bis dahin als ideologisches Erbe der Nationalsozialisten, welches sich heute beispielsweise gegen Flüchtlinge, 'GastarbeiterInnen' und afrikanische StudentInnen richtet. Die Abwesenheit nicht-weißer Frauen in feministischen Gruppen führte ich auf 'Sprachprobleme' zurück. Der Begriff 'Afro-Deutsch' war neu für mich. Die Existenz afro-deutscher Menschen mit einer eigenen Geschichte und spezifischen Erfahrungen als 'gesellschaftliche Gruppe' in diesem Land lag nicht in meinem Bewußtsein. Beim Lesen von *Farbe bekennen* erfuhr ich dann von afrikanischen Menschen im mittelalterlichen Deutschland, von der Beteiligung weißer deutscher Frauen am Kolonialismus und von ethnozentristischen Tendenzen weißer Feministinnen, in deren Kontext ich mich selbst sehe. Einmal aufmerksam geworden, stellte ich fest, daß Schwarze Autorinnen, Rassismus und strukturelle Machtverhältnisse zwischen Frauen in feministischen literaturwissenschaftlichen Seminaren an der Universität kaum thematisiert werden. In diesem Zusammenhang stieß ich auf einen Aufsatz der Schwarzen deutschen Literaturwissenschaftlerin Marion Kraft und die darin enthaltene Frage an feministische Wissenschaftlerinnen.

„Warum schreibt ihr Forschungsarbeiten über die verborgene Frau und kennt nicht den Namen einer Schwarzen Dichterin, Musikerin, Malerin, Politikerin, Wissenschaftlerin aus der Geschichte? Warum forscht ihr über Formen des Matriarchats und wollt nichts wissen über Afrika, wo ihr sie finden könntet?“ (Kraft 1990; S.42)

Ich begann, nach weiterer Literatur Schwarzer deutscher Frauen zu suchen und mußte feststellen, daß – abgesehen von Farbe bekennen –

diesbezüglich erst sehr wenig Primär- oder Sekundärtexte veröffentlicht wurden.

Für dieses Buch habe ich aus Zeitschriften und Aufsatzsammlungen Gedichte und Essays afro-deutscher Frauen zusammengestellt und einen sozio-historischen und literaturtheoretischen Rezeptionsrahmen konzipiert.

Afro-Deutsche bezeichnen sich auch als Schwarze Deutsche. „Gemeint sind hiermit Menschen, die eine dunkle Hautfarbe haben und deren Nationalität 'deutsch' ist. In der Regel handelt es sich dabei um die Nachkommen binationaler Beziehungen, bei denen ein Elternteil weiß und deutscher Herkunft – meistens die Mutter –, der andere schwarz und afrikanischer bzw. afro-amerikanischer Herkunft ist. In einem politischen Sinn meint 'Schwarz' alle diskriminierten Minderheiten, unabhängig von ihrer Herkunft und Hautfarbe." (Kampmann 1994; S.126)

Deshalb verwende ich 'Schwarz' nicht zur Kennzeichnung ethnischer Unterschiede oder biologischer Merkmale, sondern als politischen Begriff, den Menschen afrikanischer Herkunft – und im englischsprachigen Raum auch Minoritäten anderer Ethnien – in vielen Teilen der Welt als Ausdruck ihrer Selbstdefinition für sich beanspruchen. Ich übernehme die von Schwarzen verwendete Schreibweise – Schwarz als Adjektiv mit einem großen Anfangsbuchstaben – die auf die politische Selbstdefinition hinweist. 'Weiß' werde ich nicht großschreiben, da es sich hierbei nicht um die Kennzeichnung einer politischen Selbstdefinition von durch Rassismus strukturell unterdrückten Menschen handelt. Der im dritten Kapitel auftauchende Begriff 'Women of Color' wurde in den USA geprägt und meint Frauen mit einem familiären oder kulturellen Hintergrund, der nicht oder nicht ausschließlich westlich, weiß, europäisch ist. (vgl. Schultz 1990)

Afro-Deutsche werden wenig beachtet. Nicht weil sie nicht auffielen, sondern weil sie eher für AfrikanerInnen, InderInnen oder TürkInnen gehalten werden, nicht aber für Deutsche. Deshalb sind Afro-Deutsche rassistischen Übergriffen oder rassistisch motivierten Benachteiligungen ebenso ausgesetzt wie sogenannte 'ethnische Minderheiten' ohne deutschen Paß. Rassismus[2] und das Gefühl 'nirgendwo dazuzugehören',

2 Hier möchte ich eine Defintion von Rassismus nennen, welche die Verknüpfung mit Sexismus (d.h. geschlechtsspezifischen Vorurteilen und Diskriminierungen) je-

sind grundlegende Erfahrungen der meisten afro-deutschen Menschen. Bei afro-deutschen Frauen kommen die Erfahrungen von Sexismus[3] hinzu, was zusammen genommen ihre spezifische benachteiligte gesellschaftliche Situation in der BRD bedingt. Die Literatur der Autorinnen ist von diesen Erfahrungen geprägt. Daraus ergibt sich die Notwendigkeit, die Literatur im Kontext ihrer historischen, politischen und sozialen Bedingungen zu sehen und damit einer interdisziplinäre Betrachtungsweise nachzukommen.

Ich bin, berechtigterweise, sehr oft gefragt worden, warum ich als weiße Frau über afro-deutsche und Schwarze Frauen schreibe. Die Gründe dafür sind auf zwei Ebenen entstanden, auf der praktischen und der theoretischen. Die praktische Seite ist, daß ich während meiner aktiven politischen Arbeit in einer feministischen Antifa-Gruppe die Erfahrung gemacht habe, daß Themen wie Rassismus und Eurozentrismus oft auf sehr abstrakter und intellektueller Ebene diskutiert wurden. Die Abwesenheit Schwarzer Frauen und Migrantinnen in unserem politischen Zusammenhang wurde entweder gar nicht thematisiert oder als persönliches Problem der 'abwesenden Frauen' individualisiert. Schwierigkeiten mit der deutschen Sprache, Hemmschwellen vor 'geschlossen' erscheinenden Gruppen – von deren Mitgliedern frau keine kennt – möglicherweise existierende soziale und kulturelle Differenzen oder Vorbehalte gegen weiße Feministinnen wurden als Erklärungen für dieses Phänomen von uns überlegt. Kontakte zu Schwarzen Frauen

---

doch nicht berücksichtigt: Rassismus ist "[...] der Glaube an die Ungleichheit der menschlichen Rassen, in dessen Namen bestimmte Rassen, bestimmte Kulturen wirtschaftlicher Ausbeutung, sozialer Absonderung und selbst physischer Ausrottung ausgesetzt sind. Rassistisch ist jede Person oder Politik, deren Handlungen sich, wissentlich oder nicht, von diesem Glauben beeinflussen lassen." (Hohenwart 1982; S.259)

3 "Sexismus ist die falsche Annahme der Überlegenheit eines Geschlechts über das andere. Eine der Grundlagen des Rassismus ist die falsche Annahme der Überlegenheit einer ethnischen Gruppe über die andere. Beide Formen der Ausgrenzung und Unterdrückung führen zu Ideologiebildungen und dienen der Aufrechterhaltung der ökonomischen, politischen und kulturellen Macht einer Gruppe von Menschen, Männern und privilegierten Schichten der Gesellschaft, die sich gleichzeitig auf eine 'natürliche' oder 'gottgewollte' Suprematie ihrer Rasse und ihres Geschlechts berufen." (Kraft 1990; S.25)

und Migrantinnen beschränkten sich auf die persönliche Ebene (z.B. privater Deutschunterricht und Begleitung bei Ämtergängen) und hatten einen sozialarbeiterischen Touch. Politische Auseinandersetzungen mit diesen Frauen gab es kaum. Noch zäher verliefen Diskussionen um Rassismus und Eurozentrismus im (weißen) feministischen Diskurs westlicher Prägung. Wir kamen meistens zu der Feststellung: „Ja, irgendwie sind wir ja alle Rassistinnen“ und danach breitete sich Schweigen aus oder es wurden, wie schon angedeutet, unüberbrückbare kulturelle und soziale Unterschiede als Erklärung für die Unmöglichkeit einer gemeinsamen feministischen Praxis – und sei es auch nur in Form von punktuellen Bündnissen – festgeschrieben. Auf der anderen Seite forderten Schwarze Feministinnen von weißen Frauen immer massiver eine kritische Auseinandersetzung mit den Strukturen ihres Ausschlusses bei gleichzeitiger Vereinnahmung – bedingt durch den universalistischen Gültigkeitsanspruch der (weißen) westlichen feministischen Theorie – mit den Mechanismen der Homogenisierung Schwarzer Frauen und den strukturellen Machtverhältnissen zwischen Schwarzen und weißen Frauen. Es wurde deutlich, daß die Erweiterung feministischer Perspektiven ohne diese Auseinandersetzung auf der einen und der Einbeziehung bzw. deutungsfreien Beschäftigung mit Denk- und Lebensformen nicht-weißer, nicht-metropolitaner und nicht-christlich-sozialisierter Frauen auf der anderen Seite nicht möglich ist. Mehr noch: ohne die Berücksichtigung der genannten Punkte bleiben feministische Theorie- und Praxisansätze eurozentrischen Denk- und Handlungsmustern verhaftet, die letztlich den hegemonial und kolonialistisch geprägten patriarchalen Diskurs nicht angreifen können.

Auf der Ebene des akademischen Diskurses habe ich in allen Seminaren an der Uni festgestellt, daß die feministische Literaturwissenschaft die literarische und damit kulturelle Produktion Schwarzer Frauen immer noch weitgehend ausklammert. Ein wichtiger Anspruch der feministischen Literaturtheorie, nämlich die Strukturen des Ausschlusses von Frauen aus der Literaturgeschichte und dem schriftstellerischen Schaffen zu untersuchen, die sogenannten 'blinden Flecken' aufzuspüren und kulturelle Leistungen der vom patriarchalen, akademischen Diskurs 'aktiv vergessenen' Frauen sichtbar zu machen, all das bleibt auf weiße, westliche Frauen beschränkt. Die Schlußfolgerung ist: auch in der feministischen

Literaturwissenschaft reproduzieren sich die Machtstrukturen des patriarchalen, akademischen Diskurses.

Die Beschäftigung mit der Literatur afro-deutscher Frauen wurde für mich ein konkreter Ansatzpunkt, die politische Forderung an weiße Feministinnen, sich mit den unterschiedlichen Denk-, Lebens- und Kulturformen Schwarzer Frauen auseinanderzusetzen, umzusetzen. Gleichzeitig bot sich damit eine Möglichkeit, mit einem verrückten Blick die herrschende deutsche Geschichtsschreibung zu sehen und, am Beispiel der Beteiligung weißer deutscher Frauen im Kolonialismus, dem der feministischen Theorie immanenten Rassismus, Ethnozentrismus, sowie der Kategorie der Täterinnenschaft und den Mechanismen zur Konstruktion, von Identitäten – als machtkonstituierend – nachzugehen. Zwei Aspekte lagen vor allem in meinem Interesse: die kritische Auseinandersetzung mit der feministischen Theorie, konkret mit der feministischen Literaturtheorie, und die politische Funktion von Literatur als Möglichkeit für Schwarze Frauen, aus der Unsichtbarkeit beziehungsweise Geschichtslosigkeit zu treten zu überprüfen. Da es meines Erachtens für weiße Leserinnen unmöglich ist, die literarischen Texte afro-deutscher Frauen erkennend zu verstehen, ohne die historischen, sozialen und politischen Hintergründe zu beleuchten, die ihre, gegenüber weißen deutschen Frauen, benachteiligte Position bedingen, habe ich – vielleicht manchmal weithergeholt erscheinend – den historischen und theoretischen Hintergründen viel Raum gegeben.

Trotz der genannten Begründungen war ich mir über die Probleme bewußt, die sich ergeben können, wenn Weiße über Schwarze schreiben. Ich bin während der Entstehung des Buches auch immer wieder darauf gestoßen. Das gilt vor allem für die Gefahr einer monolithischen Sicht auf Schwarze Frauen oder einer subtil rassistischen beziehungsweise paternalistischen Haltung, die aus der privilegierten gesellschaftlichen Situation und der sozialen Distanz weißer Kritikerinnen resultieren kann. Differenzen in Wahrnehmung und Bewertung werden von Schwarzen Frauen einerseits als Problem und andererseits als Möglichkeit gesehen, neue Erkenntnisse aus einer anderen Perspektive zu gewinnen. Dabei ist es allerdings wichtig, sich der historischen und gegenwärtigen Unterschiede zwischen weißen und Schwarzen Frauen bewußt zu sein und die Literatur afro-deutscher Frauen nicht für weiße feministische Ziele vereinnahmen zu wollen, sondern sie in ihrer Spezifik wahrzunehmen. Die Meinung von Bell Hooks zu weißen Autorinnen, die über Schwarze Frauen schreiben, berücksichtigend, habe ich mich bemüht, möglichst präzise zu kennzeichnen, wann ich über weiße, Schwarze oder über alle Frauen schreibe. Trotzdem möchte ich sie abschließend zitieren:

„Die Kraft, die es weißen feministischen Autorinnen erlaubt, rassische Identität in ihren Büchern über 'Frauen', die in Wirklichkeit über weiße Frauen sind, nicht zu identifizieren, ist dieselbe, die jede Autorin, die ausschließlich über Schwarze Frauen schreibt, dazu veranlaßt, deren rassische Identität explizit auszuweisen. Diese Kraft ist Rassismus ... Denn es ist die dominante Rasse, die ihre Erfahrungen als repräsentativ darstellen kann.“ (Hooks 1981; S.138[4])

4 in der deutschen Übersetzung zitiert nach Schultz 1990; S.55.

Kapitel I
Ein veränderter Blick in die Geschichte

Im Hinblick auf die schriftstellerische Produktion und Rezeption afro-deutscher Frauenliteratur ist ein Blick in die Geschichte – zum Verständnis des spezifischen Erfahrungshintergrundes und der aktuellen Lebenssituation afro-deutscher Frauen – unverzichtbar. Das Hauptaugenmerk wird dabei auf der Geschichte und dem Bild Schwarzer Menschen, vor allem Frauen, in Deutschland liegen. Damit soll die gängige Vorstellung durchbrochen werden, Afro-Deutsche hätten keine historischen Bezugspunkte in Deutschland.

Ein weiterer Schwerpunkt bildet die eine Betrachtung der – häufig verdrängten – deutschen Kolonialgeschichte, weil sie ein – wenn nicht sogar *der* – prägende Faktor für die Manifestierung des spezifisch deutschen Rassismus und die Entwicklung des stereotypen Bildes über Schwarze Menschen in Deutschland ist. Mein besonderes Augenmerk ist dabei auf die Rolle weißer deutscher Frauen im Kolonialismus gerichtet. Weiße Frauen haben zur mehrfachen Unterdrückung der Afrikanerinnen beigetragen und vor allem entscheidend die Bildung von rassistischen und sexistischen Sterotypen in bezug auf Schwarze Frauen beeinflußt. Die Täterinnenschaft weißer Frauen ist für die Kritik Schwarzer Frauen an feministischer Theorie und Literaturwissenschaft westlicher Prägung von grundlegender Bedeutung.

Den Begriff der afrikanischen Diaspora und deren Bildung umreiße ich kurz, um zu verdeutlichen, daß afro-deutsche Frauen sich unter anderem auf den afrikanischen Aspekt ihrer kulturellen Herkunft beziehen, sich als Teil dieser Diaspora sehen und sich mit Schwarzen Frauen weltweit identifizieren und solidarisieren.

community

yaa asantewa* und sojourner truth*
anton wilhelm amo* und rigoberta menchú*
steven biko* und marcus garvey*
malcom x* und mahatma gandhi*
titewhai harawira* und yoliswa ngidi*
dies sind nur einige namen für viele

community!
comme si comme ça
community!

ob im norden oder süden der amerikas
oder asien und europa oder afrika
längst schon tot oder noch lebendig
unselbständig oder unabhängig
es gibt sie hier und da und überall
menschen
die UNS glücklich machen
menschen die was schaffen
die es wirklich schafften

community!
comme si comme ça
community!

die apartheid ist tot doch wird nicht vergessen
unterdrücker haben selbsternannt im amt gesessen
manche davon feiern sich nun selber als befreier
doch die wahrheit verbirgt nicht einmal
der größte schleier
der verlogenheit
der glückseligkeit
oder aber auch
ein nobelpreis
in südafrika
war zum erstenmal
1994

allgemeine freie wahl
300 jahre
herrschaft – 300 jahre widerstand
jetzt
regiert
ein präsident
den die welt
rechtmäßig anerkennt

community!
comme si comme ça
community!

ob im norden oder süden der amerikas
oder asien und europa oder afrika
rassismus war und ist nicht reformierbar
zwischen recht und unrecht ist nur scheinbar
ein kleiner unterschied

community!
comme si comme ça
community!

entrechtete hat unrecht oft korrupt gemacht
gewalt angst elend konkurrenz und macht
viele haben andere umgebracht
und leben
wo der tod ein ende hat
andere sind unschuldig gestraft
leider sterben irgendwo
im knast allein im krankenhaus
im alters- oder kinderheim allein
im krieg und in der psychiatrie
allein in der community

comme si comme ça
community?

ob im norden oder süden der amerikas
oder asien und europa oder afrika
es gibt sie hier und da und
überall
auf dem land und in den städten
in baracken und in villen
frauen männer und die kinder
die laut singen
und frei lachen
feiern kämpfen sprechen schweigen
leben sterben hoffen leiden
viele schwarze und manche weiß
menschen
für den frieden in der welt
menschen
manche weiß die meisten schwarz
menschen
für den frieden in der welt
community

CommUnitY
COMMUNITY
COMMUNITY!

May Ayim

Alte Königreiche, entwickelte Staatsformen, Eisenkultur und hochentwickelte Kunst gab es in Afrika südlich der Sahara lange bevor die Europäer ihren Fuß auf diesen Kontinent setzten. Eine differenzierte Darstellung der Position von Frauen in den verschiedenen vorkolonialen afrikanischen Gesellschaften würde den Rahmen dieses Buches sprengen. Überlieferungen, frühe Reiseberichte und Kunst- und Gebrauchsgegenstände aus verschiedenen afrikanischen Reichen lassen jedoch darauf schließen, daß Frauen in vielen dieser Gesellschaften, insbesondere bezüglich Kultur und Religion, eine hohe Stellung hatten, verehrt und geachtet wurden.

Der Historiker Heinrich Loth stellt dazu fest: „Nur dann, wenn die frühen politischen, sozialökonomischen, kulturellen und anderen Leistungen der afrikanischen Völker eine gerechte Würdigung erfahren, erschließt sich aus heutiger Sicht vollständig die Rolle der Frau, die sich in vielen Zügen deutlich positiv von der Lage der Frau im mittelalterlichen Europa abhob.“ (Loth 1986; S.25) Der Untergang vorkolonialer afrikanischer Großreiche hatte seine Ursachen „[...] letztlich im aufkommenden Sklavenhandel und in dem dadurch bewirkten Abbruch oder der Einschränkung des Handels mit Ägypten und dem Orient und später in der beginnenden Kolonialpolitik.“ (ebd.)

Im Zeitraum von Mitte des 15. Jahrhunderts bis Mitte des 16. Jahrhunderts wurden AfrikanerInnen als SklavInnen aus ihren Ländern nach Amerika verschleppt. Diese erzwungene Migration dauerte bis zum Ende des 19. Jahrhunderts an. „Man darf annehmen, daß Afrika seit dem 15. Jahrhundert mindestens 50, wahrscheinlich aber um 100 Millionen Menschen verloren hat.“ (Ki-Zerbo 1981; S.219)

Aus den auseinandergerissenen und entwurzelten Familien entwickelten sich schon während und vor allem nach der Zeit der Sklavenhaltergesellschaft in den USA neue afrikanische communities[5] und eine „panafrikanische Tradition, die sich in vielen Formen Ausdruck verschaffte [...], in dem Festhalten an einer eigenen Identität gegenüber der euroamerikanischen Welt, die jeden Bereich des Lebens der Schwarzen bestimmte“ (Kraft 1990; S.32).

Als NachfahrInnen europäischer Kolonisatoren und afrikanischer Frauen oder als Kinder afrikanischer Truppen, welche die Sieger – vor allem England und Frankreich – im Kampf um Kolonien und Weltmacht im ersten Weltkrieg gegen das deutsche Kaiserreich eingesetzt hatten, kamen viel Schwarze Menschen nach Europa. Infolge des Zusammenbruchs des 'British Empire' und der französischen 'Grande Nation' als Kolonialmächte emigrierte eine große Zahl der ehemals Kolonisierten in die europäischen 'Mutterländer'. Dies führte zur Entwick-

5 Der Begriff community meint sowohl den räumlichen Wohn- und Lebensort, bezeichnet darüberhinaus aber auch die unter den spezifischen Entwicklungsbedingungen in den USA entstandene zentrale Vermittlungsinstanz zwischen Familie und Gesellschaft. Die community bezeichnet die Schwarzen als ethnische, soziale und kulturelle Bevölkerungsgruppe und bezieht sich darüberhinaus auf die spezifische Struktur dieser Gruppe als Gemeinschaft. (Shakur 1990; S.6)

lung sogenannter multi-ethnischer Gesellschaften. Portugal, Frankreich, die Niederlande und vor allem Großbritannien haben heute große Schwarze communities, „die im Kampf gegen Benachteiligung, Diskriminierung und Rassismus einen gemeinsamen Wahlspruch haben – 'Wir sind hier, weil ihr dort wart!' Und 'dort' ist ein ferner Ort, doch nicht vergessen, ein kulturelles Erbe, das bewahrt wird, vor allem durch die Frauen.“ (Kraft 1990; S.38)
Die im Zuge des Sklavenhandels nach Amerika und später in Folge des Kolonialismus nach Europa gelangten Schwarzen Menschen afrikanischer Herkunft nennt Marion Kraft die 'afrikanische Diaspora'. (Kraft 1990; S.32)

Über das Leben afrikanischer Frauen in der Diaspora, d.h. in den USA, Kanada, der Karibik und Europa, haben Schriftstellerinnen wie Buchi Emeta, Joan Riley und Marlene Nourbese Philip und vor allem Afro-Amerikanerinnen, mit ihrer langen schriftstellerischen Tradition, geschrieben.

Realität und Bild Schwarzer Frauen in der deutschen Geschichtsschreibung

Die Geschichte und Theorie von Rassismus, Exotismus und Sexismus lassen sich bis ins Mittelalter zurückverfolgen, bilden den Hintergrund für die heutige gesellschaftliche und soziale Situation afro-deutscher Frauen und sind als strukturelle Unterdrückungsmechanismen in ihren verschiedenen Erscheinungsformen zentrale Themen in ihrer Literatur, wobei vor allem die Aufarbeitung des deutschen Kolonialismus und dessen Kontinuitäten eine besondere Rolle spielen. Einleitend bleibt festzustellen: die geschichtliche Besonderheit des deutschen Kolonialismus der Kriegs- und Nachkriegsgeschichte haben dazu geführt, „ daß die BRD sich im Vergleich zu den Niederlanden, England und Frankreich ungleich langsamer zu einer multi-ethnischen Gesellschaft entwickelt und ein Kulturbegriff vorherrscht, der so eurozentrisch ist, wie kaum anderswo.“ (Kraft 1988; S.142)

AfrikanerInnen im Mittelalter und der Renaissance

Schon vor der Kolonialisierung des amerikanischen Kontinents und dem Sklavenhandel gab es Schwarze Menschen in Europa, die als Gesandte afrikanischer Reiche, Gelehrte und Gäste europäischer Höfe kamen. Einige blieben ihr Leben lang. Die Anwesenheit afrikanischer Adeliger, Schwarzer DienerInnen und SklavInnen in Europa reicht bis in die Antike zurück. Der Handel mit dem afrikanischen Kontinent brachte noch mehr Schwarze Menschen nach Europa. Die 'Mohren' Othello und Aaron in Shakespeares Königsdrama *Titus Andronicus* sind deshalb nicht nur fiktionale Gestalten in der Literatur, sondern haben einen realen historischen Hintergrund. Der Begriff 'Mohr' ist zu dieser Zeit noch nicht unbedingt negativ besetzt.

„'Mohr' ist die älteste deutsche Bezeichnung für Menschen anderer Hautfarbe und diente im Hochmittelalter zur Unterscheidung der schwarzen und weißen Heiden. Mor, aus dem lateinischen Mauri, erhielt seine Prägung durch die Auseinandersetzung zwischen Christen und Moslems in Nordafrika. Physische Andersartigkeit und fremde Glaubensvorstellungen charakterisieren somit den Begriff." (Oguntoye, Opitz, Schultz 1991; S.19)

Nur vage läßt sich anhand von Bildnissen und Texten rekonstruieren, wann die ersten AfrikanerInnen in das Gebiet der heutigen BRD kamen und die ersten Afro-Deutschen geboren wurden. Das erste sogenannte 'Mischlingskind' in der Literatur tritt bei Parzival auf (vgl. Becker 1977; S.206). Ab dem 12. Jahrhundert gibt es einige erhaltene Gemälde, die AfrikanerInnen zeigen. Dazu gehören ein auf das Jahr 1508 datiertes Portrait eines Äthiopiers oder das im Jahr 1521 entstandene Bild einer Schwarzen Frau mit dem Titel die *Mohrin Katharina*, beide von Albrecht Dürer.[6] Rassismusforscher wie Poliakov gehen davon aus, daß Vorurteile gegen andere zu dieser Zeit noch nicht mit Hautfarbe verbunden waren (vgl. Poliakov u.a 1984; S.64). Die nicht-stereotype Abbildung des Äthiopiers und der *Mohrin Katharina* sprechen dafür.

---

6 Bildnachweise: Das Portrait des Äthiopiers, der als Angestellter in einem der großen Handelshäuser Augsburgs tätig war, stammt aus dem Katalog, *Berliner Festspiele Horizonte '79* (Hg.*): Afrika. Texte, Dokumente, Bilder.*, Wuppertal 1979. Das Bild der *Mohrin Katharina* ist enthalten in: Loth, Heinrich: *Die Frau im alten Afrika*, Wiesbaden 1986.

„Während in der Romantik (gemeint ist wohl die Romanik; Anm. d. Verf.) und Gotik Afrikanerdarstellungen noch selten waren, rückten seit dem 15. Jahrhundert und dann vor allem in der Renaissancezeit die Bewohner des 'schwarzen Erdteils' immer stärker ins Interesse. Berühmt ist die 1521 entstandene Silberstiftzeichnung von Albrecht Dürer (1471-1521). Es scheinen hier nicht in erster Linie die anthropologischen Merkmale zu interessieren, sondern Dürer zeichnete eine 'Mohrin' mit individuellen Zügen, in Beseeltheit und Würde. Diese Darstellung steht in der liebevollen Behandlung dem bekannten Portrait von Dürers Mutter nicht nach." (Loth 1986; S.183)

Erst seit dem Beginn des Sklavenhandels erscheinen Schwarze in der Rolle von Dienenden, beispielsweise in der Malerei, wie in dem Gemälde *Die Toilette der Venus* von Peter Paul Rubens, das im Hintergrund eine dunkelhäutige Dienerin zeigt.

Die Berufung auf Zeugnisse aus Literatur und Malerei läßt ein Geschichtsbild entstehen, in dem AfrikanerInnen – als Herrschende oder Dienende – im Europa des Mittelalters und der Renaissance als 'Teilhabende' an den unterschiedlichen höfischen Kulturen erscheinen. Es muß jedoch angemerkt werden, daß in der Literatur auch einige Quellen zu finden sind, die Menschen mit eigentlich weißer Hautfarbe mit der 'Schwärze' der 'Mohren' belegen, weil sie den damals geltenden sozialen und gesellschaftlichen Normvorstellungen nicht entsprachen. In der christlichen Farbsymbolik kennzeichnet 'schwarz' den Inbegriff des Häßlichen, Teuflischen und Verwerflichen. Ein Beispiel ist die Version der *Iweinlegende*, geschrieben von Hartmann von Aue um 1200. Eine Textstelle daraus lautet: „Was welt ir daz der tore tuo?". Der 'Tor' wird am ganzen Leibe schwarz wie ein 'Mor' und verbreitet Schrecken, wo immer er erscheint. (vgl. Gilman 1982; S.12)

„Religiös motivierte Vorurteile konnten daher schnell dazu führen, im schwarzen Menschen, der den eigenen christlich-patriarchalischen Vorstellungen entgegentrat, den Prototyp des Bösewichts zu sehen, was sich in der Projektion von schwarzer Hautfarbe auf Weiße [...] bereits andeutet." (Oguntoye, Opitz, Schultz 1991; S.20)

Darüberhinaus wurde auch schon im Mittelalter aus männlicher Sicht die Analogie zwischen der 'Andersartigkeit' der Frau – auf die häufig männliche Phantasien von mysteriösen Kräften und einer Männer beängstigenden, unbändigen, 'verschlingenden' Sexualität projiziert wurden – und Schwarzsein hergestellt. Schwarz kennzeichnete beispielsweise. in Hexenbeschreibungen das Böse. In Wirnt von Grafenbergs *Wigalois* wird der Held mit einem weiblichen Monster konfrontiert, das schwarz, häßlich und ohne gute Manieren ist, ein *ungehuire.* (vgl. Gilman 1982; S.12) Schon zu dieser Zeit zeigte sich also eine Art konstruierte Verbindung zwischen 'Andersartigkeit' und Schwarzsein, 'Andersartigkeit' und Frausein und aus diesen Kopplungen folgend, eine Anspielung auf den bis heute gängigen Mythos der 'unbändigen' Sexualität der Schwarzen Frau. Das *ungehuire* ist als Metapher für 'schmutzige', 'animalische' und 'verschlingende' Sexualität zu sehen, auch wenn ein Geschlechtsakt nicht direkt thematisiert wird.

Die Naturalisierung sozialer Unterschiede durch die Aufklärung

Während der Aufklärung manifestierte die Biologisierung sozialer Unterschiede, und zwar auf mehreren Ebenen. Mit Hilfe der neuen Wissenschaften, wie der Anthropologie, wurde versucht, die Menschen in verschiedene Rassen zu klassifizieren und diesen konstruierten Rassen bestimmte, aufgrund ihrer Rassenzugehörigkeit nicht änderbare Eigenschaften zuzuschreiben. Mit einem ähnlichen Mechanismus wurden die sozialen Unterschiede zwischen den Geschlechtern naturalisiert, d.h. Männern und Frauen spezifische, sozusagen genetisch festgelegte Eigenschaften zugeordnet. Beides diente letztendlich der Maskierung sozialer Ungleichheit und der Legitimation politischer Machtinteressen.

Die deutschen Beziehungen zu Afrika blieben bis in das 19. Jahrhundert hinein auf Handelskontakte beschränkt, wodurch zunächst Rohstoffe, wie Elfenbein, Gold und Gewürze, nach Europa kamen. Im Laufe der Zeit kamen auch immer mehr Menschen über den Seeweg nach Europa, beispielsweise als erhandelte 'Mitbringsel'. Sie wurden von wohlhabenden Familien als DienerInnen oder exotisches Spielzeug mißbraucht.

Bis zum 18. Jahrhundert waren die Vorurteile gegen Schwarze nicht mit Vorstellungen über die Existenz unterschiedlicher Rassen verbunden. Im Zeitalter der Aufklärung vollzog sich ein deutlicher Wandel, einhergehend mit der raschen Kolonialisierung der afrikanischen Länder südlich der Sahara. Außerdem mehrten sich mit dem Zerfall des klerikalen mittelalterlichen Weltbildes, in dem Gott als der unmittelbare Schöpfer alles Seienden angenommen wurde, die Diskussionen um Entstehung und Sinn des Menschengeschlechts. Die Frage, ob es einen gemeinsamen Ursprung aller Menschen gibt, rückte ins Zentrum des Diskurses. Die Anthropologen Buffon, Linné und Winckelmann[7] ordneten mit pseudo-wissenschaftlichen Systematiken die Menschheit in Rassen mit unterschiedlicher Wertigkeit und spezifischen Eigenschaftszuschreibungen ein. Sie legten damit das Fundament für eine rassistische, eurozentrische Ideologie.

Die Bezeichnung 'Neger' (aus dem lat. niger = schwarz) entwickelte sich im 18. Jahrhundert zu einem deutschen Begriff, womit er den bis dahin üblichen Terminus 'Mohr' ablöste und ergänzte. 'Neger' diente der Beschreibung der Menschen südlich der Sahara und zudem zur allgemeinen Bezeichnung für Menschen der 'schwarzen Rasse'. Während 'Mohr' keine Unterscheidung in hellere und dunklere AfrikanerInnen beinhaltete, implizierte die neue Bezeichnung mit der zunehmenden Kolonisierung des Kontinentes, eine ideologische Trennung Afrikas in einen weißen und einen schwarzen Erdteil. Das Wort 'Neger' erfuhr im Laufe kolonialer Ausbeutung, Versklavung und Fremdbestimmung eine eindeutig negative Konnotation. Die zugrundeliegende Denkweise versuchte, physische und geistig-kulturelle Eigenschaften miteinander zu

---

7 Während Carl von Linné (1707-1778), der erste Anthropologe, der die Stellung des Menschen zum Tierreich veranschaulichte, in seinem *Systema naturae* (1737) lange Zeit nur somatische Kriterien zur Unterscheidung anführte, wurden in der 10. Auflage seiner Veröffentlichung (1758) erstmals Verbindungen zur Psyche hergestellt (vgl. Brunner u.a 1984; S. 145). J.J. Winckelmanns (1717-1768) ästhetische Anthropologie orientierte sich an den klassischen Schönheitsidealen der Griechen. In *Zur Geschichte der Kunst des Altertums* führt er aus, daß seiner Ansicht nach Griechenland der Ort sei, wo das gemäßigte Klima den Idealtyp des Menschen hervorgebracht hat. 'Mißbildungen' nähmen dementsprechend mit der Entfernung zum klimatisch günstigen Mittelpunkt zu (vgl. Kramer 1984; S.145). George Louis Leclerc, Comte de Buffon (1707-1788), entwarf als erster, ausgehend von anatomischen Kenntnissen, eine vollständige Evolutionstheorie (vgl. Poliakov u.a. 1984). Er ging von der Einheit des Menschengeschlechts aus und brachte die unterschiedlichen Rassen mit Klimazonen in Verbindung (vgl. Oguntoye, Opitz, Schultz 1991; S.21).

verknüpfen. Im allgemeinen galten Menschen aus dem südlichen Afrika im 18. Jahrhundert als die niederste Menschenart, verwandt mit der höchsten Tierart, den Affen. (vgl. Mosse 1978; S.11)

Das aufstrebende Bürgertum setzte bis Ende des 18. Jahrhunderts ein von Passivität geprägtes Frauenideal durch. Auch wenn die Familie bereits im Mittelalter patriarchalisch geprägt war, kam nun der Bürgersfrau, mit der Trennung in Privatsphäre und außerhäusliche Produktion, einzig die Rolle der treusorgenden Gattin, Hausfrau und Mutter zu. Von der beruflichen und politischen Lebenswelt war sie ausgeschlossen. Die bürgerliche Frau wurde nach und nach auf den Bereich der Reproduktionsarbeit – Gebären, Erziehen, Haushalten – verwiesen, der Mann hingegen nahm die Rolle des autonom Handelnden ein, der im öffentlichen Bereich wirkte und als Geldverdiener die Besitz- und Abhängigkeitsverhältnisse kontrollierte. Der untergeordnete Status der Frau wurde aus der 'natürlichen Wesensbestimmung' als Gattin und Mutter abgeleitet; diese Entmachtung verklärt und idealisiert. Die philosophische Grundlage des bürgerlichen Frauenideals ist der ethische Idealismus. Ein Beispiel dafür ist die Beschreibung der 'natürlichen' Eigenschaften und Pflichten der Frau in der *Grundlage des Naturrechts nach Prinzipien der Wissenschaftslehre* (1796) von J.G.Fichte. Gesellschaftliche Ungleichheit begründete er mit der sogenannten Biologie der Menschen. Frauen beschrieb der Philosoph als von 'Natur aus' passiv und emotional – so daß ihnen selbstverständlich repetive Tätigkeiten zugemutet wurden, die als 'natürliche Pflicht' keiner Bezahlung bedurften –, den Mann als von 'Natur aus' aktiv und rational. Laut Fichte konnte eine Frau nur neben der Vernunft des Mannes bestehen, wenn sie imstande war, ihre sexuellen Triebe zu vergeistigen und auf die Bedürfnisse des Mannes auszurichten. Frauen wurden so in eine geschlechtsspezifische Rolle gepresst und das Produkt dieser Erziehung als das 'wahre Wesen' der Frau erklärt. Im *Allgemeinen Preußischen Landrecht* von 1794 erfuhr der untergeordnete Status der Frau die gesetzliche Verankerung. Hier wurden bis ins Detail alle Lebensbereiche der *Untertanen im Interesse der Staatsraison* geregelt. Bezogen auf die Funktion der Ehe und die Rolle der Frau innerhalb der ehelichen Gemeinschaft lautet ein Auszug aus dem Gesetzestext: *Der Hauptzweck der Ehe ist die Erzeugung und Erziehung von Kindern*, der Mann wird zum *Haupt der eheli-*

chen Gesellschaft erklärt. Die Frau teilt seinen sozialen Status, seinen Wohnsitz und seinen Namen. Sie muß den Haushalt führen und benötigt für außerhäusliche Tätigkeiten seine Erlaubnis. Der Mann verwaltet das Vermögen seiner Frau und ist ihr gerichtlicher Vormund, *schuldig und befugt, die Person, die Ehre und das Vermögen seiner Frau in und außer Gerichten zu verteidigen.* Damit wird die fast gänzliche wirtschaftliche Abhängigkeit der Frau vom Mann festgelegt. Aber auch die Pflichten der Frau als Mutter regelte das *Preußische Landrecht.* Es wird betont, daß die *körperliche Pflege und Wartung, solange die Kinder deren bedürfen, die Mutter selbst oder unter ihrer Aufsicht besorgen* muß. Sogar wie lange die Mutter stillen soll, ist gesetzlich geregelt, nämlich solange, wie der Vater es bestimmte. Auch *die Anordnung und die Art, wie das Kind erzogen werden soll, kommt hauptsächlich dem Vater zu.* Die zitierten Einzelbestimmungen zeigen die beschränkte Handlungsfähigkeit der Frau – als Ehefrau und Mutter. Es muß angemerkt werden, daß die dargestellten Regelungen nur für bürgerliche, vermögende Frauen im heiratsfähigen Alter galten. Dienstmädchen und Lohnarbeiterinnen mußten für eine Heirat die Erlaubnis ihres Dienstherren einholen, und alte Frauen, vor allem Witwen, genossen oft gar keine ökonomische oder soziale Absicherung. (Textstellen aus dem Allgemeinen Preußischen Landrecht zitiert nach Becker – Cantarino 1989; S.59-61)

Das beschriebene, in Europa konstruierte – sexistische – Frauenideal fand später in den Kolonien eine Übertragung auf die Afrikanerinnen, mit der Begründung, es sei universell und naturhaft bedingt für alle Frauen gültig. So war es möglich, die Afrikanerinnen, die diesem Rollenbild nicht entsprachen, nicht nur aufgrund ihrer 'Rasse', sondern auch als Frauen abzuwerten. Die afrikanische Frau war und ist also mit den Mechanismen der Biologisierung mehrfach konfrontiert.

Das 19. Jahrhundert – Zur Verfestigung rassistischer und sexistischer Ideologien

Koloniale Ausbeutung, Unterdrückung und Vernichtung benötigten eine Legitimation, die sich mit der Einteilung der Menschen in unterschiedlich bewertete 'Rassen' konstruieren ließ. Die Aufklärung erbrachte den 'wissenschaftlichen' Nachweis für die Behauptung von der Ungleichheit der Menschen, der sich im 19. Jahrhundert als Nachweis verfestigte und verselbständigte. Arthur Graf de Gobineau (1816-1882) war einer der führenden Rassentheoretiker, der erstmals alle Ungleichheiten im kulturellen, sozialen und politischen Bereich biologisierte. Er vertrat eine pessimistische Geschichtsauffassung, die jede soziale und kulturelle Veränderung als Zerfallserscheinung deutete. (vgl. zur Mühlen 1977; S.62)

Im 19. Jahrhundert setzte sich darüberhinaus ein von nüchternem Klassizismus geprägtes Schönheitsideal und ein prometheisches – Selbstverwirklichung durch Arbeit – Lebens- und Arbeitsideal durch. Rationalität und Leistungsorientierung galten als erstrebenswerte Eigenschaften für den idealen Menschen. Damit sollte den Bedürfnissen des aufkommenden Industriekapitalismus entsprochen werden. Alle anderen Lebensweisen, Kulturformen, Produktionstechniken sowie körperliche Ausdrucks- und Erscheinungsformen wurden mit Hilfe rassentheoretischer Konstruktionen abgewertet und als primitiv, unzivilisiert und barbarisch beurteilt. Diese pejorativen Begriffsbezeichnungen „drücken den ethnozentrisch konstruierten Gegensatz zu einer Welt aus, die sich allenfalls mit zurückliegenden und überwundenen Zeiträumen und Lebensumständen [...] in Bezug setzen ließ." (Oguntoye/ Opitz/Schultz; S.23)

Auch die übliche Unterscheidung in 'Natur-' und 'Kulturvölker' verdammte andere gesellschaftlichen Zusammenhänge zur Geschichtslosigkeit und die Ausdrucksformen anderer Menschen zu eher naturhaft Gegebenen. Das äußere Erscheinungsbild der AfrikanerInnen und ihr Leben in der Subsistenzwirtschaft machten sie zum idealtypischen Gegenpart des 'schönen', 'modernen' Menschen. „Die Europäer schienen [...] im Gegensatz zu den Primitiven, die in einem Zustand rückständiger Unvernunft verharrten, an der Spitze der kulturellen und technologischen Evolution der Menschheit zu stehen." (Poliakov u.a. 1984; S.83)

Die Feministin Gayatri Spivac beschäftigt sich in ihren Arbeiten mit der Figur der ausgebeuteten kolonialisierten Frau sowie der Verwendung weiblicher Attribute, die der kolonialistischen Welt zugewiesen werden. In den Texten des kolonialistischen Diskurses findet sich oft eine Feminisierung des unterworfenen Menschen. Dies bedeutet, daß dem kolonialisierten Menschen, dem Land oder der kolonialisierten gesellschaftlichen Gruppe weibliche Eigenschaften zugeschrieben werden, die im eurozentrischen und logozentrischen Vernunftsdenken gemeinhin eine abwertende Funktion haben. Spivac bezieht sich nicht nur auf den historischen Kolonialismus, sondern auf kolonialisierende Denkweisen und neokoloniale Strukturen, von denen die heutigen westlichen, metropolitanen Gesellschaften geprägt sind.

Im historischen Zusammenhang der deutschen Kolonialgeschichte bedeutet Gayatris Erweiterung der Kritik am kolonialistischen Diskurs um eine geschlechtsbezogene Komponente, daß das stereotype Bild der Zuschreibungen, wie Naturnähe, Unvernunft, Emotionalität und Passivität, das auf die für primitiv befundenen 'Naturvölker' projiziert wurde, den Projektionen entsprach, die das Herrschaftsverhältnis von Männern gegenüber Frauen als verfügbare Natur rechtfertigten. Eine Palette von Eigenschaftszuschreibungen teilte die Welt in ein Konstrukt von Gegensatzpaaren. Der Gleichsetzung von Natur, Unvernunft, Gefühl und Passivität als genuin weiblich beziehungsweise 'afrikanisch' stand die Formel von Kultur, Ratio, Intellekt, Aktivität entsprechend genuin männlich beziehungsweise westlich gegenüber. Ein Beispiel für diese eurozentrisch-patriarchale Sicht der Welt ist die Veröffentlichung zur *Allgemeinen Kulturgeschichte* von Gustav Klemm (1802-67), in der die Unterscheidung in *aktive männliche* und *passive weibliche* Völker getroffen wird. (vgl. Zur Mühlen 1977; S.50)

Der deutsche Kolonialismus – Ein Stück verdrängte deutsche Geschichte

Für die Verbreitung und Festigung heutiger Ausdrucksformen des deutschen Rassismus war die – vielfach verdrängte beziehungsweise tabuisierte – offizielle Kolonialisierung von afrikanischen Gebieten durch das Kaiserreich von großer Bedeutung.

Bei der Schaffung des kolonialisierten Anderen und der Identitätskonstitution im kolonialistischen Kontext spielt der Rassismus und seine verklärende Kehrseite, der Exotismus, eine wichtige Rolle. Albert Memmi beschreibt die Funktionsweise des Rassismus in mehreren Stadien. Der erste Schritt besteht in der Hervorhebung von Unterschieden durch Systematisierung und der Biologisierung sozialer beziehungsweise gesellschaftlicher Ungleichheiten (z.B. durch Linné und Winckelmann). Im zweiten Schritt folgt eine Wertung dieser Unterschiede durch die Setzung von 'Idealen' (z.B. durch Gobineau). Der dritte Schritt ist die Anwendung dieser Wertungen und Zuschreibungen zugunsten der Kolonialmacht (vgl. Memmi 1987; S.44).

Im darausfolgenden Bild ist der Kolonialisierte alles, was der Kolonisator nicht ist. Alle negativen Eigenschaften werden auf ihn übertragen. Er ist böse, faul und irgendwie nicht ganz menschlich. Dieses künstlich geschaffene Andere wird zunächst immer als Niemand gesehen, als Mangel, als einer, dem die von der herrschenden Gesellschaft als positiv gewerteten Eigenschaften fehlen. Darüberhinaus wird die Menschlichkeit des Anderen in Frage gestellt. Undurchsichtig, bleibt das Andere für den Kolonisator ein Mysterium. Das Andere kommt als Individuum nicht vor. Es ist identitätslos. Es stellt eben nicht ein individuelles Mitglied der Menschheit dar, sondern vielmehr einen Teil eines chaotischen, unorganisierten und anonymen Kollektivs. In der Schaffung des Anderen findet gleichzeitig die Schaffung des Westens, des 'Eigenen', statt. Dieses 'Eigene' ist das Gegenteil, ein Subjekt, das sich in den Mittelpunkt stellt und alle als „wertvoll“ festgeschriebenen Eigenschaften einer Gesellschaft besitzt. Es entsteht eine radikale Dichotomie, mit der Funktion, die kolonialistische Ordnung zu erhalten. Die kolonialistische Welt ist eine in gut und böse, in höher- und minderwertig geteilte Welt.

Aus europäischer Perspektive geriet die afrikanische Bevölkerung also zur 'Bildfunktion'. Dem pejorativen Bild des primitiven, unzivilisierten Barbaren stand jedoch ein idealisierendes gegenüber: das Bild des 'edlen Wilden' oder der 'exotischen Schönheit' – womit die Vorstellung von wilder, fremder Sexualität verbunden ist. Dahinter steht das eurozentristische Phänomen der 'Exotisierung' nicht-westlicher Kulturen, mit einer verklärend-romantisierenden Vorstellung vom Leben in 'paradiesischen Urzuständen'. Dies ist die, ebenso stereotype, Kehrseite der Sicht auf die, gegenüber den 'Kulturvölkern' abgewerteten, 'Naturvölker'. Auch bei der 'Exotisierung' geht es um Ausbeutung, um die Ausbeutung kultureller Konzepte. Schwarze wurden als 'edle Wilde' glorifiziert, gleichzeitig aber in die Sklaverei verkauft.

„Es existiert eine sich verändernde Dynamik in der Auffassung des Selbst und des Anderen. Es ist sowohl möglich, das Andere zu fürchten als auch zu glorifizieren.“ (Goldie 1990; 113) Nicht die positive oder negative Besetzung des Bildes ist problematisch, sondern das Bild selbst, in dem das Andere nur in Relation zum eigenen Selbst von Interesse ist. Die Gleichsetzumg von Frau und ‘Natur’ und die damit verbundene Vorstellung von ihr als exotischem Wesen ist Teil derselben Politik. Schwarze und Frauen werden als andersartig eingestuft und dementsprechend bewertet; „in jedem Fall ist die Einstufung in Widersprüchen gefangen: Der viktorianischen Idee der tugendhaften Frau stand der Schrecken des lasterhaften, zur Prostitution 'gefallenen Mädchens' gegenüber.“ (Hawthorne 1990; S.112)

Trotzdem übt die Vorstellung von der ‘fremden Frau’ bis heute eine Faszination vor allem auf Männer aus, da in sie alle erdenklichen ‘sexuellen’ Phantasien hineinprojiziert werden konnten – in einem Europa, wo alle weibliche Sexualität systematisch unterdrückt wurde. Dies macht sie zum ‘Objekt’ männlicher Phantasien. Vor allem Schwarze Frauen mit hellerer Hautfarbe galten als besonders ‘begehrenswert’, da sie aus männlicher Sicht die angeblich typischen 'positiven' Eigenschaften weißer und schwarzer Frauen in sich vereinigten. Der Exotismus ist – ebenso wie der Rassismus – ein wirkungsvoller Mechanismus zur Stereotypisierung Schwarzer- beziehungsweise afro-deutscher Frauen.

Auch bei Lida van de Broek spielt der Exotismus für die Definition von Rassismus eine große Rolle: „In unserer Definition von Rassismus geht es um die Summe aller Verhaltensweisen und Urteile gegenüber Menschen aufgrund ihrer ethnischen Zugehörigkeit. Nicht nur negative, auch die sogenannten positiven Urteile werden den einzelnen Menschen nicht gerecht, wenn sie pauschal gefällt werden. Eine Idealisierung ist genauso fatal wie eine Abwertung, weil in beiden Fällen die Person nicht in ihrer Eigenständigkeit gesehen wird. Allzuoft werden Menschen auf vermeintlich positive kollektive Eigenschaften der Gruppe reduziert [...].“ (van de Broek 1988; S.33)

Die deutsche Kolonialgeschichte begann 1884 auf der von Bismarck einberufenen Kongo-Konferenz mit der Erklärung verschiedener Territorien der Welt zu deutschen *Schutzgebieten.* Der deutsche Kolonialbesitz in Schwarzafrika umfaßte die Länder Kamerun, Togo, Tanzania, Burundi, Ruanda und Namibia. Zur gleichen Zeit kam der Sklavenhandel zur Hochblüte. Auch die deutschen Behörden förderten direkt oder begünstigten indirekt den Sklavenhandel und die Sklaverei, indem sie durch Sanktionierung und Reglementierung bürokratisch Einfluß auf die Institution der Sklaverei nahmen und diese auch nutzten.

Ein entsprechendes deutsch-nationales Sendungsbewußtsein war Ausdruck des Eroberungseifers deutscher Kolonialisten. Ziel war die Erziehung der 'Eingeborenen' zu deutschen Untertanen. Die weiße Hautfarbe und der europäische Kulturkreis wurden als höherwertig vorausgesetzt. Die militärische Überlegenheit der Kolonisatoren hatte für die Unterlegenen Enteignung, Rohstoffplünderung, Zwangsarbeit, Zerstörung gesellschaftlich gewachsener Strukturen und die 'Überstülpung' europäischer Bewußtseinsstrukturen und Bildungsinhalte zur Folge. Doch wie sahen die Lebensformen aus, welche die Kolonisatoren vorfanden, und warum mußten sie zerstört werden? Christian Sigrist hat das soziale und politische Gefüge von mehr als fünfzehn vorkolonialen Gesellschaften beschrieben, die teilweise auch im Gebiet der deutschen Kolonien lebten. Dazu gehören die Tallensi und Konkomba (Togo), die Tiv (Kamerun), die Gisa, Gusii, Luija, Lugbara, Amba und Kiga (Ostafrika). Es handelte sich dabei vorrangig um Gesellschaftsformen mit Subsistenzwirtschaft und Viehzucht. Diese Gesellschaften waren dadurch gekennzeichnet, daß sie politisch nicht durch eine Zentralinstanz im Sinne einer öffentlichen Instanz organisiert waren, sondern durch familiäre Instanzen. Die politische Oganisation ist durch gleichrangige und gleichartig unterteilte mehr- oder vielstufige Gruppen vermittelt, denen eine hierarchische Ordnung im bekannten Sinne fehlt. Ein weiteres Merkmal war die sozialökonomische Gleichheit der verschiedenen Gruppen. Sigrist weist diesen Gesellschaften ein aus der sozialökonomischen Gleichheit resultierendes, ausgeprägtes Gleichheitsbewußtsein nach, das sich über einen festen Normenkatalog konstituiert. Persönlicher Reichtum, ungewöhnlicher gesellschaftlicher, religiöser oder politischer Einfluß oder besonderes Jagdglück Einzelner wurden als Ergebnisse ständiger Normenverletzungen gedeutet und geahndet. Ein konkreter Normbruch ist die Verweigerung der Hilfe für einen in Not geratenen Verwandten. Machtstreben und materieller Reichtum verletzen hingegen die generelle Gleichheitsnorm. Um eine die AfrikanerInnen besser kontrollierende Zentralherrschaft und die den kolonialen und kapitalistischen Interessen entsprechende hierarchische Gesellschaftstruktur zu etablieren, mußte auch eine psychische Versklavung vorgenommen und die geistige Ausrichtung der Einheimischen auf die Bedürfnisse der Kolonialmacht erreicht werden. Dies übernahmen verschiedene koloniale Einrichtungen, vor allem Missionsschulen. Die Aufgabe der Mission war es, die AfrikanerInnen nach einem – gemäß der bürgerlichen Ideologie – geschlechtsspezifischen Rollenverständnis zu 'erziehen' und zu 'entwickeln'. *Erziehung zur Arbeit, Erziehung zu Gehorsam und Sittlichkeit*, sowie die Einführung der nach kapitalistischen Maßstäben definierten Form von Eigentum standen auf dem Programm. „Ganz dem Geist ihrer Zeit und Kultur verhaftet, entwickelten die MissionarInnen ihr religiöses Sendungsbewußtsein auf der Grundlage rassistisch-paternalistischer Vorstellungen und eines bürgerlichen Frauen- und Männerbildes." (Engelhardt 1993; S.121)

Die Rassentrennung beziehungsweise die Errichtung eines Apartheidsystems war in allen deutschen Kolonien üblich. Antikolonialen Erhebungen seitens der AfrikanerInnen wurde mit äußerster Brutalität und Repression begegnet. Das bekannteste Beispiel ist der Rebellion der Herero 1904/05 und 1907 in Südwestafrika (Namibia). Die Bevölkerung der einheimischen Herero setzte sich gegen die Ausplünderung des Landes, die wachsende Unterdrückung und Verelendung in Folge der kolonialen Besetzung des Landes zur Wehr. Die deutschen KolonialistInnen reagierten mit einem genozidartigen Vernichtungsschlag gegen die Aufständischen und der Kasernierung der Überlebenden. Der Historiker Karl Heinz Roth sieht in der Art und Weise der Menschenbehandlung in Namibia den Beginn einer totalitären Herrschaftspraxis, die in den Vernichtungslagern des Nationalsozialismus ihren schrecklichen Höhepunkt fand (vgl. Roth 1990; S.249-265). Martha Mamozai schreibt 1982 über die repressive Kolonialpolitik im heutigen Namibia: „Die 'Eingeborenenverordnungen' für Südwestafrika aus dem Jahre 1907 waren die Keimzelle der bis heute gültigen Apartheid-Gesetzgebung. Die Afrikaner wurden in Ghettos in der Nähe der Wohn- und Arbeitsstätten der Weißen angesiedelt, Paß- und Meldeplicht hoben ihre Freizügigkeit auf. Das Verbot von Landerwerb und Viehhaltung hoben ihre Freizügigkeit auf. Sie mußten so zu Lohnsklaven für die Weißen werden." (Mamozai 1982; S.45)

Darüberhinaus wurde versucht, die Distanz zu den Menschen der schwarzen 'Rasse' durch eine Flut an pseudowissenschaftlicher Literatur und abschreckender Mythen zu vergrößern. Das bekannteste und in allen Kolonien verbreitete Beispiel ist der *Wandermythos* vom Menschenfresser. Sigrist hat versucht, reale Anhaltspunkte für die Bildung des Kannibalenmythos zu finden und stieß auf Rituale, deren Formen und Inhalte durch die kolonialistische Propaganda so verzerrt, übertrieben und verfälscht wurden, daß es zur Entstehung des Mythos vom Menschenfresser kam. Beispiele sind die rituelle Tötung von Sklaven bei Beerdigungen und die Kopfjagden auf Nachbarethnien, die von den Tiv im Gebiet des heutigen Kamerun praktiziert wurden. Die Berichte vom Kannibalismus, wie sie in Deutschland verbreitet wurden, entbehren demnach jeglicher realen Grundlage. Doch je „wilder die Mythen um die Grausamkeit der Schwarzen waren, umso leichter ließen sich an ihnen verübte Verbrechen als Erziehungsmaßnahmen rechtfertigen." (Oguntoye/Opitz/Schultz 1991 S.34-35)

Der deutsche Philosoph Hegel verfaßte Abhandlungen über das Wesen der Afrikaner, berief sich dabei auf Kolonialliteratur im beschriebenen Stil und verbreitete rassistisches Gedankengut. „Der menschliche Körper ist animalisch, aber wesentlich Körper für ein Vorstellendes; er hat psychologischen Zusammenhang. Aber bei dem Neger ist dies nicht der Fall, und den Menschen zu verzehren, hängt mit dem afrikanischen Prinzip überhaupt zusammen; für den sinnlichen Neger ist Menschenfleisch nur Sinnliches, Fleisch überhaupt."[8]

Damit setzte sich Hegel in einen krassen Gegensatz zu den humanistischen Idealen, die er ansonsten proklamierte. Frantz Fanon schreibt dazu: „Der bürgerlichen Ideologie, die die Wesensgleichheit der Menschen proklamiert, gelingt es, die ihr eigene Logik zu bewahren, indem sie die Untermenschen auffordert, sich durch die westliche Humanität, die sie verkörpert, zu vermenschlichen." (Fanon 1981; S.139)

---

8 Ich zitiere Hegel hier aus einer 1955 erschienen Ausgabe von "Vorlesungen über die Weltgeschichte", Bd.1; Hamburg 1955; S.225.

Täterinnen – Weiße deutsche Frauen als Kolonialistinnen

Weiße deutsche Frauen beteiligten sich aktiv am Kolonialisierungsprozeß. Sie waren als Missionarinnen oder Siedlerinnen tätig, unterstützten aber auch in Deutschland propagandistisch die Kolonialpolitik und trugen entscheidend zur Entstehung eines abwertenden, stereotypen Bildes von Schwarzen Frauen bei. Diese Stereotypen sind – zumindest teilweise – bis heute in der bundesdeutschen Gesellschaft vorhanden.

Bezogen auf den Missionsdienst übernahmen die Frauen im außerhäuslichen Bereich die Kranken- und Armenversorgung sowie insbesondere die Frauen- und Mädchenarbeit. Ein erfolgreicher Zugriff auf die afrikanischen Frauen konnte nur über Frauen gelingen. Deshalb kam es zur Aussendung von Missionsschwestern, welche die Frauenmissionierung übernehmen sollten.

„Das Ziel der Frauenmissionierung bestand folglich in der 'Erziehung' der Afrikanerinnen zu christlich-treusorgenden Gattinnen, Hausfrauen und Müttern, einschließlich der Unterordnung unter den Mann.“ (Engelhardt 1993; S.122)

Die Missionarinnen leisteten darüberhinaus einen wichtigen Beitrag zur ‘inneren Kolonisation’, d.h. zur Kolonialisierung des Bewußtseins. Die Mission war diejenige Instanz, die den Kolonisierten das deutsche Werte- und Normensystem, die ‘deutsche Moral’, den Glauben an die angebliche weiße (deutsche) Überlegenheit beziehungsweise die schwarze ‘Minderwertigkeit’ beibringen und die AfrikanerInnen von ihrer eigenen Kultur beziehungsweise ihren Traditionen entfremden sollte. Erst die spezifische Arbeit der Missionarinnen mit den einheimischen Frauen eröffnete den, für eine ‘innere Kolonisation’ nötigen, umfassenden Zugriff auf die afrikanische Bevölkerung.

Mit dem Ziel, einen deutschen Kolonialisten zu heiraten, wurden deutsche Frauen gezielt als Siedlerinnen für die Kolonien angeworben. So sollte dem Anwachsen der ‘Mischlingsbevölkerung’ – der ‘Bastardisierung’, wie es verächtlich hieß – begegnet werden. Die Siedler und die Angehörigen des Militärs vergewaltigten häufig einheimische Frauen oder gingen Beziehungen zu Afrikanerinnen ein. Diese Kontakte wurden zunächst durchaus gebilligt. Dr. Karl Oetker, Leiter des Gesundheitsdienstes beim Bau der Bahnlinie von *Dar es Salaam nach Morongo*, äußerte sich dazu:

„Ich kann mich sehr wohl in die Lage eines unverheirateten Mannes denken, der sich, sei es für kürzere oder längere Zeit, ein Negermädchen kauft, [...] Es ist eigentlich ganz selbstverständlich, aber es möge hier trotzdem betont werden, daß auch jeder Europäer, der mit schwarzen Weibern Kontakt hat, dafür sorgen muß, daß ein solches Verhältnis steril bleibt, um eine Rassenmischung zu verhindern, [...] Solche Verbindungen sollen und dürfen eben nur als Surrogate der Ehe angesehen werden, denen jede staatliche Anerkennung und Schutz, wie sie den Ehen unter Weißen zuteil werden, zu versagen sind." (zitiert nach „Kolonialgeschichte im Familienalbum"; 1992)

Trotzdem führten die Verbindungen zwischen Kolonialherren und Schwarzen Frauen manchmal zu offiziellen Ehen. Die daraus hervorgegangenen Kinder galten als Gefahr für den deutschen Machtanspruch. Die Ansiedlung weißer Frauen in den Kolonien wurde als Lösung des Problems gesehen. 1907 gründete sich der *Frauenbund der Deutschen Kolonialgesellschaft* (ein Teil der deutschen Kolonialgesellschaft). Die Gesellschaft formuliert das Ziel der Auswanderung – Verheiratung und Produktion weiß-deutschen Nachwuchses – sehr klar und verbanden damit eine Glorifizierung der deutschen Frau als *Kulturträgerin* und *Kämpferin für Deutschland*. (vgl. Brockmann 1912; S.94)

Das folgende Zitat von Clara Brockmann, der Leiterin einer Kolonialfrauenschule, macht deutlich, welchen Sendungsauftrag die deutsche Frau hatte:

„Nicht in freiem, burschikosem Wesen soll ihre Tatkraft sich äußern, sondern in echter Weiblichkeit soll sie dem neuen Deutschland über dem Meer den Stempel ihrer Wesensart aufdrücken, nicht bloß streben und arbeiten soll sie draußen, sondern sie soll sein beseelt vom Geist echten Christentums, die Hohepriesterin deutscher Zucht und Sitte, die Trägerin deutscher Kultur, ein Segen dem fernen Lande: Deutsche Frauen, deutsche Ehre, deutsche Treue über'm Meere!" (Brockmann 1912; S.145)

Diese Idealisierung war eine nationalistische Verklärung der Instrumentalisierung der Frauen, die ideologisch an Auffassungen der bürgerlichen Frauenbewegung anknüpfte. Diese Frauenbewegung rückte ab der Jahrhundertwende zunehmend nach rechts und stand der Diskussion um die deutschen Kolonien gleichgültig bis zustimmend gegenüber, d.h. Unterdrückung und Ausbeutung der kolonisierten Bevölkerung war für sie kein Thema, ebensowenig wie der Rassismus und Sexismus der Kolonialmacht.

Ähnlich wie die Missionarinnen ließen auch die Siedlerinnen Kinder und zwangsverpflichtete Arbeitskräfte aus den Gefangenenlagern für sich arbeiten, d.h. sie waren Befehlsgeberinnen für die AfrikanerInnen. Von der eigenen Höherwertigkeit und dem bürgerlichen Frauenideal überzeugt, was gleichzeitig den deutschen Herrschaftsanspruch legitimierte, wurden die AfrikanerInnen von den Kolonialistinnen als faul, schmutzig, stinkend, arbeitsunwillig, unzuverlässig, unverantwortlich, diebisch und dumm auf der einen-, jedoch listig und verschlagen auf der anderen Seite, bezeichnet. Da es nicht im Interesse der AfrikanerInnen lag, den Wohlstand und das Wohlbehagen der UnterdrückerInnen zu fördern, 'funktionierten' sie tatsächlich in keiner Weise so, wie die KolonialistInnen es wünschten. Das schon angesprochene Gleichheitsbewußtsein der von Sigrist dargestellten vorkolonialen Gesellschaften war ein Grund für die fehlende Gewohnheit, formellen Befehlen von außerhäuslichen Instanzen zu folgen. Diese Art von Herrschaftsanspruch wurde als Bruch der Gleichheitsnorm gesehen. Die Reaktionen waren Verweigerung, Abwehr und Aufstand.

Die kolonialisierte Frau – Zum Verhältnis zwischen weißen und Schwarzen Frauen in den deutschen Kolonien

Die Kolonisatorinnen hielten die AfrikanerInnen für *kulturlos* und ihre traditionelle Lebensform für den Ausdruck ihrer *niedrigen Kulturstufe*. Kolonialautorinnen, wie Clara Brockmann und Helene von Falckenhausen, schrieben allen AfrikanerInnen – Männern wie Frauen – pejorative Eigenschaften zu. Die höchste Form der Diskriminierung stellten jedoch die Attribute dar, mit denen die afrikanischen Frauen versehen wurden. „Es waren insbesondere Frauen, die in Kolonialblättern das Bild vom faulen, schmutzigen, ungelehrigen schwarzen Dienstmädchen oder vom 'koketten Mischlingsweib' verbreiteten." (Kraft 1990; S.29)

Ein Beispiel ist Clara Brockmanns unterschiedliche Bewertung der einheimischen Männer und Frauen: „Es ist eine alte traurige Erfahrungstatsache, daß die Schwarze Frau noch niemals den geringsten Aufstieg in die höhere Kulturstufe unternommen hat [...] Unter den Weibern sind zwei Kategorien als unbrauchbar und entwicklungshindernd für das wirtschaftliche Leben aufzufassen: die eine Klasse ist die, die nicht arbeiten will, sondern sich Glasperlen und bunte Bänder umhängt und spazieren geht, und die zweite Klasse die, die von den Brosamen der Männer und der Anverwandten lebt." (Brockmann 1912; S.111)

Es gab mehrere Gründe für diese größere Abwertung der Afrikanerinnen gegenüber den einheimischen Männern, denen zumindest in eingeschränktem Maße, d.h. bei *strenger Erziehung*, die Fähigkeit zur Anpassung an die deutschen Wertvorstellungen und die deutsche Arbeitsmoral zugestanden wurde. Einer davon war, daß die Frauen in verschiedener Hinsicht als widerständiger galten und sich der Unterordnung unter ein ihnen unbekanntes – unterdrückerisches, europäisch-bürgerliches – Frauenideal widersetzten. Sie praktizierten beispielsweise Gebärstreiks[9] und ließen damit die Geburtenrate und somit perspektivisch das Potential an billigen Arbeitskräften sinken.

Nach dem Maßstab des deutschen Arbeits- und Herrschaftsverständnisses konnten die Afrikanerinnen als arbeitsunwillig bezeichnet werden, was jedoch in Anbetracht der Arbeitbedingungen, die ihnen aufgezwungen wurden, konsequent war.

Die einheimischen Frauen wurden von den Missionarinnen auf den letzten Platz in der Hierarchie der Kolonialgesellschaft verwiesen, da sie durch das Dogma der 'gottgewollten' ehelichen Unterordnung unter den Mann eine geschlechtsspezifische Arbeitsteilung nach europäisch-bürgerlichem Vorbild aufgezwungen bekamen. Dadurch gerieten sie in

9 Der Begriff 'Gebärstreik' ist etwas irreführend, da nicht klar ist, ob er bewußt und kollektiv durchgeführt wurde oder auf individuelle Entscheidungen zurückzuführen ist, unter extremer Repression und körperlicher Belastung, auf eine Schwangerschaft zu verzichten. Im letzteren Fall wäre eher von Gebärverweigerung zu sprechen. Ich halte Verweigerung und Streik für einen jeweils unterschiedlichen Ausdruck von Widerstand, da sich bei beiden Formen der Funktionalisierung und Instrumentalisierung durch eine herrschende Macht widersetzt wird.

eine ökonomische Abhängigkeit vom Mann. Den afrikanischen Frauen standen außerdem lediglich die am schlechtesten bezahlten und von härtester Ausbeutung gekennzeichneten Erwerbszweige der Kolonialwirtschaft zu.

Die Rolle, die den Afrikanerinnen von der Kolonialmacht aufgezwungen wurde, beinhaltete, im Vergleich zu ihrer Position in der vorkolonialen Gesellschaft, häufig eine deutliche Verschlechterung ihrer Lebensrealität. In den von Sigrist betrachteten vorkolonialen Gesellschaften gab es eine ökonomische Arbeitsteilung der Geschlechter. Oft waren die Männer für die Jagd und den Hüttenbau, die Frauen für das Bierbrauen, das Wasserholen und die Hausarbeit zuständig. Bei den Tallensi arbeitete die gesamte Familie auf dem Feld. Trotz der geschlechtlichen Arbeitsteilung waren die Frauen in einigen Gesellschaften an der Viehzucht beteiligt. Bei den Tiv hatte die Frau eine hohe materielle Verfügungsgewalt. Aber auch hinsichtlich ihrer Position in der Familie und dem sozialen Gefüge ist der verhältnismäßig hohe Grad an Selbstbestimmung und Unabhängigkeit, vor allem bei den Amba- und Gisufrauen, hervorzuheben.

„Sowohl bei den Amba als auch bei den Nuer gibt es relativ viele unverheiratete Frauen, die in illegitimen Verhältnissen leben. Bei den Amba verlieren Prostituierte nicht einmal die Heiratschance.“ (Sigrist 1979; S.163)

Für einzelne Frauen gab es in einigen vorkolonialen Gesellschaften auch Rollen, die ihnen politischen Einfluß verschafften oder die Erlaubnis einräumten, Sanktionen zu verhängen. Priesterinnen gab es bei den Tallensi, Amba und Kiga. Bei den Amba konnte die Priesterin sogar Asyl gewähren. Wahrsagerfunktionen wurden bei den Lugbara, wenn überhaupt, nur von Frauen ausgeübt. (vgl. Sigrist 1979; S.164)

Diese Lebensformen der Frauen mußten natürlich durch das Aufzwingen einer bürgerlichen Sexualmoral und ein auf Ehefrau und Mutter festgelegtes Frauenideal ‘diszipliniert’ werden, um die Kontrolle und Machtausübung der Kolonialmacht über die Afrikanerinnen sicherzustellen.

Ein weiterer Grund für die mehrfache Diskriminierung der Afrikanerinnen – als Schwarze und als Frauen – durch deutsche Kolonialistinnen fußte auf der Befürchtung, daß Schwarze Frauen als mögliche Konkurrentinnen eine Bedrohung der Herrschaftsposition weißer Frauen darstellten. Die Legitimation dieser Herrschaftsposition beruhte lediglich auf Hautfarbe und nationaler Herkunft. Deshalb wurde den einheimischen Frauen unter anderem auch 'Koketterie' unterstellt, ein für die bürgerliche Ideologie eindeutig abwertendes, sexuell besetztes Attribut, das hervorragend zum Klischee der sexuell stets willigen Schwarzen Frau paßte. Die häufige Denunziation der Afrikanerinnen als 'Huren' erfüllte den Zweck, die weißen Männer von ihrer Verantwortung, beispielsweise für die Vergewaltigungen Schwarzer Frauen freizusprechen. Autorinnen der Zeitschrift *Kolonie und Heimat* riefen sogar zum Boykott von Ehen zwischen weißen Männern und einheimischen Frauen auf:

„Boykott den Männern, die mit Eingeborenen verheiratet sind. Boykott den Halbweißen bis ins dritte und vierte Glied." (Kolonie und Heimat, 6.Jg., Nr.16, S.8)

Abgesehen von der Tatsache, daß diese Ehen zu jener Zeit schon verboten waren und den afrikanisch-deutschen Kindern die deutschen Bürgerrechte aberkannt wurden – was allerdings weder Beziehungen noch Vergewaltigungen verhinderte –, bewirkten die Boykottaufrufe darüber hinaus, daß Schwarze Frauen keine Rechte und Versorgungsansprüche geltend machen konnten, die sonst aus einer Ehe erwuchsen. Auf Verbindungen zwischen Schwarzen Männern und weißen Frauen reagierten die Kolonialistinnen mit härtesten Bestrafungen. Solche Beziehungen hätten die Position der Afrikaner im kolonialen Herrschaftsgefüge verändert und weißen Männern einen Teil ihrer Macht genommen. Der Mythos vom 'schwarzen Vergewaltiger' mit seiner 'animalischen' Sexualität ließ sich in diesem Zusammenhang effektiv einsetzen.

Gewalt und Zerstörung prägten die Lebensrealität der AfrikanerInnen, wobei sich die Situation für die Frauen und Mädchen aufgrund der ständigen Vergewaltigungen anders darstellte als für die Männer. Die Kolonialisierten leisteten jedoch zu jeder Zeit Widerstand, sowohl durch individuelle oder kollektive Verweigerung als auch durch organisierte Rebellion.

„Die AfrikanerInnen versuchten sich auf allen Ebenen den Unterdrückungsstrukturen und offenen Brutalitäten zu entziehen bzw. zu widersetzen, beispielsweise durch Flucht in den 'Busch', Arbeitverweigerung oder dem letzten Mittel, der Selbsttötung. Manchmal schlugen die einheimischen Frauen auch zurück, wenn ihre 'Herrin' sie prügeln wollte." (Engelhardt 1993; S.128)

Der bereits angesprochene Herero-Aufstand ist ein Beispiel für den kollektiven Widerstand einer ganzen gesellschaftlichen Gruppe gegen Ausbeutung und Unterdrückung. Ein anderes Beispiel antiherrschaftlicher Widerstandsbewegungen ist der Yakan (Wasser) – Kult der Lugbara (Ostafrika), der sich gegen Sklavenhändler, Kolonialgruppen oder die Herrschaftsansprüche ethnisch fremder (europäischer oder afrikanischer) Instanzen richtete. Die Anhänger des Kultes glaubten, daß das Trinken von heiligem Wasser, verbunden mit einem bestimmten Tanzritual, sie unverwundbar mache und bewirke, daß feindliche Kugeln sich in Luft auflösten. Von den Lugbara aus verbreitete sich der Kult unter den einheimischen, in britischen- oder deutschen Diensten stehenden Soldaten. Es kam zu verschiedenen Meutereien, die von den Angehörigen des Yakan -Kultes ausgingen. Die Meutereien wurden alle niedergeschlagen, der Kult lebte jedoch immer wieder auf. Diese und ähnliche Bewegungen in den vorkolonialen Gesellschaften, die an Gleichheitsnormen orientiert waren, reagierten mit Abwehrpraktiken auf Herrschafts- und Unterwerfungsaktionen durch eine eingetretene oder drohende Zentralisierung, wie sie die deutsche Kolonialmacht durchsetzen wollte. (vgl. Sigrist 1979)

Afro-Deutsche und AfrikanerInnen in der Weimarer Republik und im Nationalsozialismus

Nach dem ersten Weltkrieg verlor Deutschland alle Rechte auf den Besitz von Kolonien. In den Reihen der Besatzungsmächte, die im Rheinland einmarschierten, befanden sich auch Schwarze Soldaten aus den französischen, britischen, belgischen Kolonien und afro- amerikanische Armeeangehörige. Die Deutschen verurteilten den Einsatz von Schwarzen als 'unmenschlich' und prangerten ihn als Gefahr für das deutsche Volk an. Die Tatsache, daß die Deutschen selbst vorhatten, Schwarze aus ihren Kolonien im Krieg einzusetzen, England jedoch den Seeweg blockierte, zeigt die hinter solchen Aussagen stehende Doppelmoral. Hindenburg äußerte sich 1920 in seinem Buch *Aus mei-*

nem Leben diskriminierend über die Afrikaner, indem er deren Brutalität und Animalität hervorhob und von *schwarzen Wellen* sprach. (vgl. Pommerin 1979; S.10)

In Hindenburgs Vokabular zeigt sich ein deutlicher Rassismus, der die Kontinuitäten kolonialistischer Denkstrukturen aus der Kriegs- und Vorkriegszeit spiegelt. Im Bewußtsein der nationalistischen Kolonialrevanchisten blieben die Schwarzen undisziplinierte und unzivilisierte Untermenschen. Weite Kreise der deutschen Bevölkerung empfanden die Beteiligung Schwarzer Soldaten an der Besatzung deshalb als Demütigung. Nach dem Einmarsch der Besatzungstruppen verabschiedeten alle Parteien, außer der USPD, augenblicklich eine Interpellation, in welcher der Rückzug der Schwarzen Truppen gefordert wurde. Die Interpellation klagte die angeblich massenweise stattfindenden Vergewaltigungen weißer Frauen durch Schwarze Soldaten an, wendete sich jedoch mit keinem Wort generell gegen Vergewaltigungen in Kriegs- und Besatzungssituationen – beispielsweise Vergewaltigungen an Schwarzen Frauen durch deutsche Siedler und Armeeangehörige in den Kolonien –, „sondern propagierte lediglich den Mythos der 'Rassenschande'„. (Oguntoye/Opitz/Schultz 1991; S.47) Von *Wilden* und von *mißbräuchlicher Verwendung* war in diesem Zusammenhang die Rede. Die Heraufbeschwörung des Mythos vom 'schwarzen Vergewaltiger' – der sich ähnlich hartnäckig im Denken der deutschen Bevölkerung festsetzte wie der Mythos des Kannibalen – dem zu Folge Schwarze Männer besonders triebhaft und brutal sein sollten, hatte zur Folge, daß diese männlichen 'Konkurrenten' um die weißen Frauen diffamiert und ausgeschaltet werden konnten. Vergewaltigungen, die weiße Ehemänner und Soldaten an Frauen begingen, verschwanden hinter den angeblich viel verheerenderen Sexualdelikten durch Schwarze.

Über die Situation von Schwarzen Kindern im Rheinland zwischen 1918 und 1937 hat Rheinhard Pommerin[10] eine eingehende Studie veröffentlicht, die sich vor allem mit den staatlichen Versuchen beschäftigt, diese Kinder zu verschweigen, verschwinden zu lassen oder zu sterilisieren. Lange Zeit wurde weder in der Öffentlichkeit noch im

---

10 Pommerin, Rheinhard: "Sterilisierung der Rheinlandbastarde - Das Schicksal einer farbigen Minderheit 1918-1937"; Düsseldorf 1979.

Reichstag die Geburt Schwarzer Kinder in den besetzten Gebieten diskutiert. Ein Grund war zwar ihre verschwindend geringe Anzahl – 1924 wurden 78 Schwarze Kinder gezählt – aber viel gewichtiger für das Verschweigen von Schwarzen Kindern war die Tatsache, daß das Bild vom 'schwarzen Vergewaltiger' nur schwer zu den Aussagen der Mütter gepaßt hätte, die zum Großteil angaben, freiwillig mit einem Schwarzen Soldaten zusammengekommen zu sein. Trotz des Versuches, die Anwesenheit afro-deutscher Kinder nicht publik werden zu lassen, „erregte die Geburt von Afro-Deutschen zunehmende Aufmerksamkeit. Nicht erst im Nationalsozialismus, sondern bereits in der Weimarer Republik wurden afro-deutsche Kinder und ihre Mütter geächtet und angegriffen. Neben den umstrittenen Bezeichnungen 'Mischling' und 'Mulatte' wurden die Kinder von vielen mit aller Selbstverständlichkeit 'Bastarde' genannt." (Oguntoye/Opitz/Schultz 1991; S.52)

Gerieten Afro-Deutsche also dennoch in den Blickpunkt der Öffentlichkeit, diffamierte diese sie als besonders minderwertig, mit der Begründung, sie seien *noch nicht einmal als reinrassig* zu bezeichnen. Außerdem wurde verbreitet, daß Mischlingskinder die Laster beider Elternteile erben würden.

Über die Anzahl der Schwarzen Kinder, die im Zusammenhang mit der 1905 gegründeten *Gesellschaft für Rassenhygiene* sterilisiert wurden oder verschwanden, (sofern sie nicht in der Familie oder bei anderen Bezugspersonen lebten), sind keine Belege vorhanden. Bereits Mitte der 20er Jahre gab es jedoch Überlegungen des Reichsministeriums, die 'Mischlinge' an die Missionsgesellschaften zu übergeben, damit diese sie ins Ausland brächten. Mit dem aufkommenden Nationalsozialismus wurde von Rassenanthropologen immer expliziter gefordert, Mütter von Afro-Deutschen zum Schwangerschaftsabbruch zu zwingen, beziehungsweise bereits Geborene zu eliminieren. Dr. Hans Macco behauptete in seiner Schrift *Rassenprobleme im Dritten Reich* bezüglich afro-deutscher Kinder: „Diese Mulattenkinder sind entweder durch Gewalt entstanden oder aber die weiße Mutter ist eine Dirne. In beiden Fällen besteht nicht die geringste moralische Verpflichtung gegenüber dieser fremdrassigen Nachkommenschaft." (zitiert nach Pommerin 1979; S.42)

Bereits kurz nach der Machtübernahme durch Hitler wurden mehrere bevölkerungsselektierende Gesetze erlassen, die einerseits von Frauen gewünschte Sterilisationen und Abtreibungen strafrechtlich verboten, andererseits jedoch die Einführung von Zwangssterilisationen aus 'rassehygienischen' (eugenischen) Gründen ermöglichten. Ein indirektes, ideologisch gefärbtes Zwangsmittel bestand in der Glorifizierung der weißen deutschen Frau zur 'arischen Mutter', die 'arischen' Nachwuchs zur Welt bringen sollte, *um den Ausfall aufgrund des entarteten Nachwuchses* durch 'erwünschte' (weiße-deutsche) Nachkommen auszugleichen. Mütter von afro-deutschen, sinti-deutschen und halbjüdischen Kindern schloß der Mutterkult aus. Diese Frauen wurden allgemein und oft auch von den eigenen Verwandten als 'Huren' beschimpft. Bis 1937 lassen sich 400 Zwangssterilisationen an Afro-Deutschen verzeichnen, für die es keine gesetzliche Grundlage gab. Ab 1837 wurden Zwangssterilisationen dann ohne Rücksicht auf außenpolitische Beziehungen beziehungsweise die Reaktion des Auslandes oder aus Befürchtungen vor kirchlichen Protest offiziell durchgeführt.

Die den Zweiten Weltkrieg überlebenden Afro-Deutschen erhielten – ähnlich vielen anderen verfolgten Minderheiten – keine Anerkennung als politisch und ethnisch Verfolgte und blieben von 'Entschädigungsleistungen' ausgenommen.

Schätzungen zufolge wurden 2.000 Schwarze Frauen und Männer aus Deutschland und den besetzten Ländern in Konzentrationslagern und anderen Internierungslagern umgebracht. Michèle Maillet aus Martinique hat in ihrem Roman *Schwarzer Stern* anhand von Gesprächen mit Überlebenden ein Bild der Erlebnisse einer Schwarzen Frau in Ravensbrück gezeichnet (Maillet 1995) und damit eine bis dato kaum beachtete historische Tatsache thematisiert: Die organisierte Verfolgung und Ermordung schwarzer Frauen im Nationalsozialismus.

Zeitgeschichte – Koloniales Erbe und faschistische Vergangenheit

Die Zahl der afro-deutschen, sogenannten 'Besatzungskinder'[11] wurde 1955 auf 4.000 geschätzt, wobei nur die unehelich geborenen Kinder durch Fürsorgeämter registriert wurden. Die Schätzungen der Gesamtzahl der Kinder von Besatzungsangehörigen durch die internationale Vereinigung für Jugendhilfe beliefen sich 1952 auf 94.000.

Die in den 50er Jahren aufkommenden Sozialwissenschaften versuchten, die Situation der ab 1946 geborenen afro-deutschen Kinder zu erforschen. Doch schon das Vokabular in den Titeln vieler Studien signalisiert eine paternalistische, ausgrenzende Herangehensweise. Beispiele sind Überschriften wie *Verantwortung für unsere Mischlingskinder* (Franke 1959) oder *Die kleinen Mischlinge. Eine ernste Frage an uns alle* (Baumeister 1952). In den Studien wird von einem gesellschaftlichen 'Sonderproblem' durch die Gruppe der Afro-Deutschen gesprochen und von einer 'naturhaften Benachteiligung' aufgrund der konstruierten Andersartigkeit der Kinder ausgegangen. Die unreflektierte Verwendung von – durch Rassentheoretikern aus der Kolonialzeit und Rassenhygienikern aus dem Nationalsozialismus – vorbelasteten Begriffen wie 'Neger', 'Mischling' oder 'Mulatte' in den meisten Untersuchungen über Afro-Deutsche zeigten schon allein die Kontinuität rassistischen Denkens, ohne einen Blick auf die Inhalte geworfen haben zu müssen. Nur wenige der Studien versuchten, die sozialen, gesellschaftlichen und psychischen Umstände zu berücksichtigen, welche die Einstellungen zu den Kindern und damit ihr Fremd- und Eigenbild bestimmten.[12] Meistens wurden Afro-Deutsche von vornherein, aufgrund ihres andersartigen Erscheinungsbildes als 'menschliches und rassi-

---

11 Mit 'Besatzungskinder' waren Menschen gemeint, die aus Beziehungen zwischen weißen Frauen und Schwarzen Soldaten der Allierten Truppen nach dem 2. Weltkrieg hervorgegangen waren. Die Kinder von weißen Frauen und weißen Soldaten aus USA, Großbritannien und Frankreich wurden nicht 'Besatzungskinder' genannt.

12 Ein Beispiel ist die Untersuchung von Eyfert u.a mit dem Titel: "Farbige Kinder in Deutschland - Die Situation der Mischlingskinder und die Aufgaben ihrer Eingliederung" (1960). Auch wenn hier gleichfalls der diskriminierende Begriff 'Mischling' gebraucht wird, gehen die Autorinnen nicht von einer biologistisch begründeten Benachteiligung afro-deutscher Kinder aus.

sches' Problem gesehen, deren 'Integration' als 'Problemgruppe' mit Schwierigkeiten verbunden sein könnte. Auf die bewußt oder unbewußt rassistischen Einstellungen und die mangelnde Toleranz der Bevölkerung als Gründe für Integrationsprobleme wurde selten hingewiesen. Es richteten sich vor allem drei Vorurteile gegen die sogenannten 'Besatzungskinder':

Veränderungen

Aus einem Nachkriegsbaby
wurde ein
Nachkriegskind
Besatzungskind
Mulattin
oder auch
Mischlings-Mädchen
Farbige
Exotin
Braune
Negerin
Halb und Halb
Kaffeebraune Schönheit
Black Beauty
bis wir uns endlich
auf
Schwarze einigten

Gesellschaftlicher Erfindungsreichtum
Kreatives Namensspiel
im Bezugsrahmen
der Unterdrückung
Koloniale Terminologie
zur Spaltung der Menschheit
Wissenschaft als
Instrument
zur Legitimation
der Dichotomie

Helga Emde

Erstens fand eine besonders schnelle Übertragung von Ressentimens gegen die feindliche Besatzungsmacht – in Form von nationalen Vorurteilen – auf die sichtlich 'vom Feind stammenden', Schwarzen Kinder statt. Ein zweites Vorurteil bezog sich auf die soziale Herkunft der Kinder, deren Müttern die uneheliche Geburt der Kinder zum Vorwurf gemacht und schnell unterstellt wurde, daß sie als sogenanntes 'Amiliebchen' nur aufgrund materieller Vorteile ein Verhältnis zu einem Schwarzen eingegangen wären. Während sich dieses Vorurteil zuerst nur gegen die Mütter richtete, wurden später auch die heranwachsenden Töchter damit belastet. Die dritte Kategorie der Vorurteile lehnte sich an überkommene kolonialistische, nationalsozialistische und rassentheoretische Theorien an, denen zufolge insbesondere 'Mischlinge' minderes Erbgut aufweisen sollten. (vgl. Kirchner 1952)

Das Spannungsverhältnis zwischen dem Klischee des 'Amiliebchens' und der Lebensrealität von vielen Müttern afro-deutscher Kinder möchte ich besonders hervorheben, da hier die subtilen und ambivalenten Strukturen von rassistischen und sexistischen Fremdzuschreibungen an die Mütter in der Verbindung mit der Übertragung dieser Zuschreibungen auf die Kinder, als ein Mechanismus zur Verinnerlichung von Rassismus, sehr deutlich werden.

Befragungen von 1952/53 ergaben[13], daß 75 von 100 Kindern bei ihrer Mutter oder Anverwandten aufwuchsen, eine dauerhafte Beziehung zu den Vätern, die in der Regel nicht mehr als zwei Jahre in der Bundesrepublik stationiert waren, stellte sich für Mütter und Kinder – vor allem in der Anfangszeit der Besatzung – aufgrund äußerer Umstände als erschwert dar. Militärische Vorgesetzte erteilten Schwarzen Soldaten aus rassistischen Vorurteilen oft keine Heiratslizenz. Finanzielle Schwierigkeiten prägten häufig den Alltag der alleinerziehenden Mütter. Die vermeintliche Schuld für das 'Schicksal' afro-deutscher Kinder wurde meistens explizit ihren Müttern zugesprochen und die Tatsache, ein farbiges Kind in die Welt gesetzt zu haben, als Vergehen verurteilt.

---

13 "World Brotherhood", eine "Organisation zur Überwindung von Vorurteilen zwischen Gruppen", beschäftigte sich 1952 und 1953 in zwei Konferenzen mit dem 'Problem der deutschen Mischlingskinder'.

„Eine große Anzahl der Mütter von Mulatten trifft eine individuelle Schuld, daß Mischlinge in die ihnen so feindlich gesonnene Welt gekommen sind.“ (Sonntagsblatt Nr.47; 19. Nov. 1950)

Viele Mütter afro-deutscher Kinder mußten sich einer moralisch-wertenden Begutachtung unterziehen, die von vornherein eine Verbindung zwischen der Motivation zur Kontaktaufnahme mit einem Schwarzen Soldaten und dem sozialen Umfeld der Frau unterstellte, d.h. es wurde versucht, den sozialen Status und familiären Hintergrund der Mutter mit ihrer Gefährdung zum ‘Abgleiten’ in Verbindung zu bringen. ‘Abgleiten’ hieß, eine Beziehung zu einem Schwarzen einzugehen. Von *Primitivität*, *Lasterhaftigkeit*, *minderer Intelligenz* der Mutter und ihrer Herkunft aus *primitiven Verhältnissen* oder einer *moralisch minderwertigen Familie* war in diesem Zusammenhang immer wieder die Rede. (vgl. Frankenstein 1954)

Oft wandten sich auch Angehörige und Nachbarn von der Mutter ab. Zudem war es für die Mutter schwierig, neue Beziehungen einzugehen, da sie als ‘Negerhure’ stigmatisiert war. Die Vorurteile und Diskriminierungen, die gegen die Mütter afro-deutscher Kinder gerichtet wurden, hatten/haben Auswirkungen auf das Verhältnis zu den Kindern:

„Fremd- und Selbstbild bestimmen das Lebensgefühl, in dem ein Kind aufwächst, wobei den engsten Bezugspersonen eine besondere Bedeutung bei der Persönlichkeitsbildung zukommt. Was die Reaktionen der Umwelt betraf, so wurde es den Müttern afro-deutscher Kinder nicht leicht gemacht, eine positive Beziehung zu ihren Kindern aufzubauen.“ (Oguntoye/Opitz/Schultz 1991; S.97)

Erscheinungsformen dieser Schwierigkeiten der Mütter sind Ablehnung der Kinder, übertrieben strenge Erziehungsmaßnahmen, damit sie nicht *noch mehr auffallen* bzw. die Mutter nicht in eine *noch schlechteres Licht gerät* oder, wie im Fall der 1947 geborenen Erika, die Abschiebung in ein Heim:

„Als ich sieben war, hat meine Mutter mich in ein Heim gegeben. Warum sie das getan hat? Das habe ich damals nur schwer mitgekriegt. Als Kind spürte ich nur, daß es zu Hause immer wieder Schwierigkeiten gab, die ich mir aber nicht erklären konnte. Ich merkte aber, daß es um mich ging. Bei Familieneinkäufen wollte mein Stiefvater nicht, daß ich mit einkaufen ging. Wenn also freitags der Familieneinkauf getätigt wurde, dann gingen meine Schwester (ein weißes Kind; Anm.d.Verf.), meine Mutter und mein Stiefvater einkaufen. Ich mußte zu Hause bleiben.“[14]

Die immer wieder unterstellte ‘Lasterhaftigkeit’ der Mütter wurde, wie bereits angedeutet, auch auf die heranwachsenden afro-deutschen Mädchen übertragen, die damit, neben den rassistischen Vorurteilen, auch mit dieser sexistischen Zuschreibung konfrontiert waren. „Nicht selten sind Äußerungen wie: 'Die ist schon genauso leichtsinnig, oberflächlich und aufs Äußere bedacht wie ihre Mutter', oder: 'Sie fängt natürlich auch schon an, nach Buben zu sehen.' Die Kinder werden durch solche Vorurteile eingestuft, als seien sie jetzt schon das, wofür man ihre Mutter hält; dabei ist von den Müttern oft kaum etwas außer der Tatsache bekannt, daß sie ein Mischlingskind haben.“ (Eyfert u.a. 1960; S.67) Die in den 50er und 60er Jahren geborenen Afro-Deutschen wuchsen, ähnlich wie die vorhergehende Generation, in einer weißen Mehrheitsgesellschaft, d.h.weitgehend ohne Kontakte zu anderen Schwarzen Menschen auf. Schwarze bilden nach wie vor eine relativ kleine Bevölkerungsgruppe in der Bundesrepublik. Ihre Gesamtzahl wird auf 100.000 geschätzt, die der Afro-Deutschen auf ungefähr 30.000.

Afro-Deutsche leben in der Regel mit weißen Bezugspersonen und haben im Laufe ihrer Sozialisationsgeschichte meist nur wenig Möglichkeit zur positiven Identifikation mit Menschen afrikanischer bzw. afro-deutscher Herkunft. Sie finden weder in der Schule noch in der deutschsprachigen Literatur oder anderen kulturellen Bereichen positive Bilder von Schwarzen Menschen, sondern sind im Gegenteil mit einer Vielzahl von abwertenden und rassistischen Stereotypen von Afrika und Schwarzen Menschen konfrontiert. Die völkische Praxis der deutschen Gesetzgebung und staatlichen Politik sind ein weiterer ausgrenzender Faktor für Afro-Deutsche.

Seit der deutschen Einheit haben sich die Lebensbedingungen aller sogenannter ‘Minderheiten’ in der BRD noch verschlechtert. Die Realität afro-deutscher und Schwarzer Menschen, v.a. dieser Frauen, ist geprägt durch Unsichtbarkeit als gesellschaftliche Gruppe bei gleichzeiti-

---

14 aus: Fremgen, Gisela: ‘... Und wenn du dazu noch schwarz bist -Berichte schwarzer Frauen in der Bundesrepublik’; Bremen 1984; S.101.

ger Stereotypisierung auf der Grundlage rassistischer und sexistischer Einstellungen, weiterhin durch Isolation, Vereinzelung und Ausgrenzung. Viele dieser Lebensbedingungen haben ihre Ursache in den Besonderheiten der deutschen Geschichte und Gegenwart, andere Lebensbedingungen teilen afro-deutsche Frauen mit allen Schwarzen Frauen. In den letzten Jahrzehnten haben sich Schwarze und vor allem Schwarze Frauen überall in der Welt mehr Beachtung erkämpfen können und damit eine tiefere Auseinandersetzung mit Rassismus und Sexismus bewirkt. Literatur ist für afro-deutsche Frauen eine Möglichkeit, diese Auseinandersetzung weiter voranzutreiben, eine eigene Geschichte beziehungsweise. spezifische Interessen sichtbar zu machen und komplexe, reale Eigenbilder zu entwickeln.

Kapitel II
Postkoloniale Diskurse und feministische Literaturtheorie – Überlegungen zur Rezeption afro-deutscher Frauenliteratur

Funktionsweise und Wirkung von Diskursen innerhalb kolonialistisch geprägter Herrschaftsverhältnisse

Das Wort Diskurs hat seinen Ursprung im Lateinischen und bedeutet 'herumlaufen'. Es handelt sich also um einen Sachverhalt, der sich in Bewegung befindet, sich verändert, nicht statisch bleibt.

Nach Michel Foucault bezieht sich der Terminus *Diskurs* auf den Bereich des Zustandekommens von Gedanken, den Bereich des *Vorgedanklichen*. Der Begriff beschreibt die Organisation des Wissens, aber auch seine Produktion. Der Diskurs ist ein System von Sprache, Objekten und Praktiken und beinhaltet eine Sprech- und eine Handlungspraxis. Diskurse bestimmen Denken und Handeln der Gesellschaft und die Produktion von Kultur. Nach Foucault hat jede Gesellschaft eine allgemein anerkannte *politische Ökonomie* der Wahrheit oder Diskurse, die von ihr als Wahrheiten akzeptiert und eingesetzt werden. Foucaults Arbeiten beschäftigen sich mit der Unterwerfung des Individuums unter eine nicht-personelle Ordnung, unter das sogenannte *Macht/Wissen-Regime*. (Fraser, S.34)

„Ich setze voraus, daß in jeder Gesellschaft die Produktion des Diskurses zugleich kontrolliert, selektiert, organisiert und kanalisiert wird – und zwar durch gewisse Prozeduren, deren Aufgabe es ist, die Kräfte und die Gefahren des Diskurses zu bändigen [...]" (Foucault 1993; S.11)

Die meisten Arbeiten Foucaults beschäftigen sich mit der Konzeption von Macht, v.a. in ihrer Verbindung mit Wissen, und der Produktion des Diskurses. Wissen ist immer untrennbar mit Macht verbunden, und nach Foucault ist es unmöglich, sich außerhalb von Machtstrukturen zu bewegen. Er hat weiterhin aufgedeckt, daß Macht und Kontrolle in der Gesellschaft und in der Geschichte einen Weg gefunden haben, sich unsichtbar zu machen, sich zu maskieren. Sie sind bemäntelt von der Sprache der Wahrheit, der Disziplin, der Rationaltät, der Zweckmäßigkeit und des Wissens.

Der Schwerpunkt von Foucaults Analyse liegt auf dem Sichtbarmachen der Strategien und *Prozeduren der Ausschließung*, durch die Diskurse ihre Macht konsolidieren. Dazu gehört auch der Mechanismus des *Unsichtbarmachens* und die Tabuisierung bestimmter Themen, denn Diskurse beeinhalten immer die Möglichkeit ihrer Umkehrung in eine gegen-diskursive Praxis. Dies bedeutet, daß widerständische Praktiken möglich sind (Siehe Nancy Fraser; S.95 *strategische Umkehrung*). Die Sprache ist ein wichtiger Teil des Diskurses. Die herrschenden Sprachregelungen kanalisieren Erfahrungen in eine vorgegebene Richtung, bestimmen das Denken und Schaffen beziehungsweise spiegeln damit die Wirklichkeit einer bestimmten gesellschaftlichen Gruppe. Was über die Sprache des herrschenden Diskurses nicht verbalisiert wird, ist in dieser Wirklichkeit unsichtbar.

Der kolonialistische Diskurs ist die ideologische Ebene der Unterdrückung und Ausbeutung eines Landes oder einer Gruppe von Menschen. Bildung und Konsolidierung dieses Diskurses, in bezug auf den Kontext der deutschen Geschichtsschreibung, und die Kontinuitäten kolonialistischer Denk- und Handlungsmuster bis in die Gegenwart, habe ich bereits ausgeführt. Nun möchte ich das Phänomen Kolonisierung auf einer diskursiven Ebene durchleuchten, um die polymorphe Funktion und Wirkung dieses Herrschaftsverhältnisses in allen gesellschaftlichen, sozialen und kulturellen Bereichen erkennen zu können. Chandra Talpade Mohanty legt in ihren Arbeiten eine solche, primär diskursive, Definition von Kolonisierung zugrunde. Die politische Bedeutung des Begriffes liegt darin, daß 'Kolonisierung' inzwischen mehrere Phänomene in feministischen und linken Schriften bezeichnet. Die Verwendung des Terminus' reicht von seinem analytischen Wert, als Kategorie für ausbeuterischen wirtschaftlichen Austausch, im traditionellen wie im heutigen Marxismus bis zu seinem Gebrauch durch farbige Feministinnen in den USA, die der Aneignung ihrer Erfahrungen und Kämpfe durch die dominante weiße Frauenbewegung eine Bezeichnung geben wollten.

„Wie schwierig oder problematisch der Gebrauch von 'Kolonisierung' als Erklärungskonzept auch ist, so bezeichnet er doch fast unweigerlich eine Beziehung von struktureller Herrschaft und einer – oft gewaltsamen – Unterdrückung der Heterogenität der jeweiligen Analysesubjekte". (Mohanty 1988; S.149)

Patriarchale, rassistische und imperialistische Strukturen bilden den kolonialistischen Diskurs und wirken herrschaftssichernd. Die Zusammenhänge zwischen Macht, der Produktion von Wissen und der Konstruktion von Identität sind hier hinsichtlich der Legitimation von Herrschaft von großer Bedeutung.

Im kolonialen Diskurs drückt sich ein eurozentrisches Weltbild aus, in dessen Zentrum ein männliches, europäisches Subjekt steht. Gleichzeitig werden marginalisierte 'Andere' konstruiert und mit einer Reihe negativer Eigenschaften versehen. Die Darstellung des unterdrückten fremden Menschen und der vor-kolonialistischen und kolonialistischen Geschichte aus der Perspektive des Kolonisators haben eine herrschaftssichernde Funktion. Mit Hilfe des Rassismus und seiner ausgrenzenden, diskriminierenden Mechanismen werden die 'Anderen' entmenschlicht, homogenisiert und zu Objekten im Sinne des Kolonisators gemacht. Die Kolonialisierten hören auf, als Subjekte zu existieren, sie werden ausschließlich zu dem, was der Kolonisator nicht ist und damit geschichtslos, d.h. zu Objekten der Kolonialgeschichte gemacht und für die Interessen des Kolonisatoren instrumentalisiert. (vgl. Memmi 1987; S.186)

Memmi betont die Hervorhebung der Unterschiede bei der Schaffung eines kolonialisierten 'Anderen'. Dies ist nicht nur Merkmal der Wirkungsweisen von Rassismus, sondern auch von Sexismus und führt zu der These, daß die Ausübung kolonialistischer und patriarchaler Macht die Artikulation von Unterschieden erfordert. Für afro-deutsche und Schwarze Menschen in der BRD führt der herrschende Diskurs in kolonialistischer Kontinuität zur Stigmatisierung bei gleichzeitiger Unsichtbarkeit. Einerseits, weil der afrikanische Teil ihrer kulturellen Herkunft geschichtslos gemacht wurde, andererseits, weil es in der deutschen Sprache lange Zeit, wenn überhaupt, *nur* abwertende oder stereotypisierende Benennungen für sie gab. Für afro-deutsche Frauen kommt die Komponente der geschlechtsspezifischen Diskriminierung hinzu. Der kolonialistische Diskurs ist also für die Unterdrückung schwarzer weiblicher Subjektivität und – Kreativität von zentraler Bedeutung.

Am Beispiel des Dekonstruktivismus von Jaques Derrida soll eine Möglichkeit zum Entlarven und Angreifen des herrschenden Konsens' aufgezeigt werden. Die Demaskierung des herrschenden Konsens' als wandelbares, nicht 'natürliches' *Macht/Wissen-Regime* ist die Vorraussetzung für die „Entkolonialisierung" unterdrückter Subjekte und der Etablierung von Gegendiskursen.

Mit dem Verfahren der Dekonstruktion will Derrida den Mythos der Gegenwärtigkeit von Wahrheit in der herrschenden westlichen Tradition von innen aufsprengen. Wie Foucault lehnt auch Derrida strukturalistische Ansprüche auf wissenschaftliche Objektivität und Totalität ab und geht von der Instabiltät von Bedeutungen und intellektuellen Kategorien aus. Die Dekonstruktion setzt den Anspruch universell gültiger Aussagen außer Kraft.

Derrida rekonstruiert die Schriften der Philosophie, durchkreuzt sie, beziehungsweise versucht, deren ontologische Begriffe 'durchzustreichen'. Die folgende Aussage verdeutlicht die Funktionsweise der Dekonstruktion im Unterschied zur traditionellen marxistischen Ideologiekritik: „Die Bewegungen dieser Dekonstruktion rühren nicht von außen an die Strukturen. Sie sind nur möglich und wirksam, können nur etwas ausrichten, indem sie diese Strukturen bewohnen; sie in *bestimmter* Weise bewohnen, denn man wohnt beständig und um so sicherer, je weniger Zweifel aufkommen. Die Dekonstruktion hat notwendigerweise von innen her zu operieren, sich aller subversiven, strategischen und ökonomischen Mittel der alten Struktur zu bedienen, sich ihrer strukturell zu bedienen, das heißt, ohne Atome und Elemente von ihr absondern zu können." (Derrida 1974; S.45)

Mittels der Dekonstruktion sucht Derrida nach der Ambivalenz in jedem Text, nach dem *Unsichtbargemachten*, dem Verborgenem und dem, was zwischen den Zeilen geschrieben steht. Er geht davon aus, daß jeder Autor, weil er durch seine Sozialisation geprägt, ist einen sogenannten *blinden Fleck* hat, der den *objektiven Blick* verhindert. Derrida will diesen *blinden Fleck* als Disposition in den Texten der philosophischen Tradition sichtbar machen.

Die feministische Literaturwissenschaftlerin Sigrid Weigel bezeichnet das Verfahren der Dekonstruktion als: „Nachahmung, die es nicht auf ein Abbild abgesehen hat, sondern im diskursiven oder textuellen Nachvollzug den Diskurs, auf den sie sich bezieht, unterläuft, überschreitet oder durchkreuzt, um dabei etwas anderes hervorzubringen oder vorscheinen zu lassen, und sei es auch nur ein 'Mangel'." (Weigel 1987; S.202)

Der Begriff des *Mangels* deckt sich mit dem Terminus des *blinden Fleck*. Durch die Dekonstruktion soll einem Text seine Subjektivität genommen werden, um größtmögliche Objektivität zu erreichen[15]. Weder verneint der Dekonstruktivismus Derridas die in Frage stehenden Begriffe grundsätzlich, noch versucht er, ihnen eigene Konzepte entgegenzustellen. Er weist lediglich auf ihren Entstehungzusammenhang hin und versucht zu zeigen, wieso diese Träger einer bestimmten Bedeutung wurden. Im Unterschied zur Figur des Gegensatzes in der *Wahr-Falsch-Aussage* ist in der oben beschriebenen Bewegung des *Ausstreichens*, die durchstrichene Vorstellung noch erkennbar bzw.lesbar, aber nicht mehr gültig, und wird deshalb von Derrida auch als die *letztmögliche Schrift einer Epoche* bezeichnet. (vgl. Weigel; S.202)

Der Begriff der Dekonstruktion wird häufig verwendet, um die Wirkungsweise von Diskursen des Widerstands zu beschreiben. Es heißt, daß der herrschende beziehungsweise kolonialistische Diskurs durch Gegendarstellungen dekonstruiert wird, d.h. durch Darstellungen aus den Bereichen der *blinden Flecken*, beziehungsweise aus der subjektiven Perspektive der *ausgeschlossenen Anderen*. In diesem Sinne hat

15 Derrida arbeitet zwar nicht mit einer expliziten 'Wahrheitskategorie', sucht jedoch nach den Mechanismen und Strukturen, die den 'objektiven Blick' verhindern, d.h. Derrida geht davon aus, daß es eine 'größtmögliche Objektivität' gibt, wenn auch nicht aus der Perspektive eines bestimmten Subjektes. Meiner Ansicht nach gibt es den 'objektiven Blick' nicht, da ohne Subjekt gar kein Blick möglich ist. Deshalb sehe ich in der 'größtmöglichen Objektivität' keine Kategorie zur Beurteilung von Diskursen.

Gayatri Spivac einen Aufsatz *Subaltern Studies: Deconstructing Historiography* (1987) genannt. Schon der Titel verdeutlicht, daß die herrschaftslegitimierende Geschichtsschreibung als solche entlarvt und ihr Wahrheitsgehalt in Frage gestellt werden soll.

Bezogen auf die Hinterfragung herrschender Diskurse und – Realitäten, unterscheidet sich Literatur, wenn sie als widerständige Praxis mit gegendiskursiver Funktion verstanden wird, an einem zentralen Punkt vom Dekonstruktionsbegriff Derridas: Während Derrida die Subjektlosigkeit als Idealzustand anstrebt, findet im Schreiben Schwarzer Frauen eine Subjektwerdung statt. Indem sie aus einer subjektiven Perspektive heraus schreiben, brechen sie ihr Schweigen und treten aus ihrer 'Bildfunktion' heraus.

Feministische Literaturtheorie – Wissenschaft westlicher Prägung und Black Feminist Criticism

Der Ausgangspunkt feministischer Literaturkritik ist die Feststellung, daß der herrschende westliche Kultur- und Literaturbegriff männlich geprägt ist. Das Gleiche gilt für die Literaturkritik. Demzufolge finden Frauen in der Literatur selten ein realitätsgetreues Bild von sich selbst. Sie sind stattdessen mit Stereotypen konfrontiert. Für die feministische Literaturkritik ergeben sich daraus Fragen nach einer 'weiblichen Ästhetik', den Möglichkeiten einer feministischen Literatur bzw. weiblichen Kultur und den Produktionsbedingungen von Schriftstellerinnen. Die verschiedenen Disziplinen der feministischen Literaturkritik umfassen die Analyse von literarischen Stereotypen über Frauen – die Frauen auch selbst reproduzieren –, die Auseinandersetzung mit der männlichen Kritik an Werken von Frauen, das Wiederentdecken von totgeschwiegenen Autorinnen und die Frage nach einer 'weiblichen' Literatur und ihren bestimmenden Merkmalen. Die feministische Literaturkritik definiert den Begriff Stereotyp als ein klischeehaftes Bild mit flachem und unterentwickeltem Charakter. Dieser Charakter wird durch die Erwähnung weniger, als typisch geltender Eigenschaften einer gesellschaftlichen Gruppe zugeordnet. Die Merkmale der Stereotypisierung von Frauen sind die Beschränkung ihrer Lebensalternativen in der

Literatur, die Reduktion auf ihre 'biologische' Rolle (als Mutter) und ihre Definition ausschließlich im Kontext von Beziehungen zu Männern (als Ehefrau, Geliebte oder Tochter). Damit sind die Identifikationsmöglichkeiten für Frauen in der Literatur stark limitiert und verweisen sie – nimmt sie die vermittelten Bilder an – auf die traditionellen Rollen.

Sigrid Weigel hat 1987 mit *Die Stimme der Medusa – Schreibweisen in der Gegenwartsliteratur von Frauen* (1987) eine sehr detaillierte Untersuchung zu spezifischen Inhalten und Schreibweisen von Frauen veröffentlicht. Obwohl sie sich auf deutschsprachige Literatur weißer Frauen beschränkt, greife ich einige Aspekte ihrer Untersuchung auf, weil ich vieles von dem, was sie zum Ausschluß von Frauen aus den herrschenden Diskursen, zur Bildfunktion von Frauen, zur Entwicklung einer weiblichen Ästhetik beziehungsweise einer weiblichen Schreibweise und zum Konzept einer weiblichen Geschichts- und Literaturgeschichtsschreibung herausgearbeitet hat, auch für die Rezeption afrodeutscher bzw. Schwarzer Frauenliteratur für wichtig halte.

Was ist weibliche Ästhetik?

Die Kritik an der Bildfunktion von Frauen, der Geschichte und dem Repertoire von Frauenbildern in der Literatur von Männern stellte Anfang der 70er Jahre den Ausgangspunkt der westlichen feministischen Diskussion über das 'Weibliche' dar. Im Diskurs zur *weiblichen Ästhetik* (vgl. Bovenschen; 1976) wurde bewußt darauf verzichtet, das Weibliche zu definieren, weil 'definieren' als ein Bestandteil des männlichen logozentrischen Denkens galt.

Die darauffolgenden Ansätze zu einer feministischen Literaturtheorie sind eng mit der Ablehnung eines normativen Wahrheitsbegriffs verbunden. Analog zur Idee der Dekonstruktion von Derrida, der diese als *letzmögliche Schrift einer Epoche* bezeichnet, wurde ein feministisches poststrukturalistisches Denken entwickelt. Dafür stehen vor allem Julia Kristeva und auch Luce Irigaray mit ihren frühen Schriften. In diesem philosophischen Kontext bedeutet ein feministisch orientierter poststrukturalistischer Denkansatz für die Frage der Weiblichkeit, daß eine Dekonstruktion der Theorie des Weiblichen als letztmögliche Schrift einer patriarchalen Epoche und zugleich als erste Schrift einer anderen Weiblichkeit zu lesen wäre, weil bei dieser Dekonstruktion die Vorstellung vom 'Weiblichen' keine Geltung mehr hätte, aber noch lesbar wäre. Das feministische Konzept der Relektüre und Dekonstruktion theoretischer und literarischer Traditionen wurde also entwickelt, um jene Strukturen nachzuzeichnen und außer Kraft zu setzen, die den Ausschluß von Frauen aus der herrschenden Geschichtsschreibung begründen. Der Minimalkonsens aus den unterschiedlichen Positionen zur Frage einer 'weiblichen' Schreibweise war die Feststellung, daß die unterschiedliche Erfahrungswelt von Männern und Frauen eine unterschiedliche Perspektive bedingt. Diese unterschiedliche Perspektive resultiert aus der gesellschaftlichen Situation von Frauen. Das heißt, daß der Ort, von dem aus Frauen schreiben und sprechen, sich von dem der Männer unterscheidet, was Konsequenzen für die Art beinhaltet, wie sich die Subjektivität der Frauen äußert oder äußern kann. Es wurde festgestellt, daß sich schreibende Frauen zugleich innerhalb und außerhalb der bestehenden Ordnung befinden:

„Indem Frauen teilhaben, teilnehmen an der herrschenden Sprache, sich ihren 'Zugang zur zeitlichen Bühne' erobern, sind sie an der bestehenden Ordnung beteiligt; sie benutzen dann eine Sprache, Normen und Werte, von denen sie zugleich als das 'andere Geschlecht' ausgeschlossen sind. Als Teilhaberin dieser Kultur dennoch ausgegrenzt oder abwesend zu sein, das macht den spezifischen Ort von Frauen in unserer Kultur aus." (Weigel 1987; S.8-9)

Um diesen *doppelten Ort* innerhalb und außerhalb der symbolischen Ordnung zu verdeutlichen, haben Autorinnen zahlreiche subjektive Schreibweisen entwickelt, die hinsichtlich der etablierten und vergesellschafteten Diskursformen andere und neue Wahrnehmungs- und Äußerungsweisen praktizieren. Dazu gehören Erzählformen mit doppelten oder vielfach verdoppelten Perspektiven und parallelen Beschreibungen der Innen- und Außenwelt. *Nachdenken über Christa T.*, *Unter den Linden* und *Kein Ort Nirgends* von Christa Wolf sind hier als Beispiele zu nennen. Die Anwendung bestehender Genremuster und ihre gleichzeitige Zerstörung, die Thematisierung der aus dem etablierten Diskurs ausgeschlossenen Erfahrungen – beispielsweise die Thematisierung des Alltags und spezifischer weiblicher Körpererfahrungen –

und die Anknüpfung an die dort vorhandenen Artikulationsweisen stellen weitere Formen weiblicher Schreibweisen dar.

Eine theoretische Grundlage für die weibliche Subjektivität als Diskurskritik und die Entwicklung einer 'weiblichen' Schreibweise ist das Verfahren der *Durchquerung der herrschenden Diskurse* von Luce Irigaray. Ich beziehe mich hier ausschließlich auf die älteren Schriften von Irigaray – wie *Das Geschlecht, das nicht eins ist* (1979) – und nicht auf die jüngeren, in denen sie sehr differenztheoretisch argumentiert und auf das Göttliche regrediert.

Irigaray nennt die von ihr entwickelte Praxis der produzierenden Nachahmung nicht Dekonstruktion, sondern *Durchquerung*. Der Text *Speculum. Spiegel des anderen Geschlechts* (1980) ist ein Versuch, den psychoanalytischen Diskurs über das 'Weibliche' und die Sexualität der Frau zu durchqueren. Die *Durchquerung* ist, ebenso wie die Dekonstruktion, eine nachahmende 'mimetische' Bewegung, die etwas anderes hervorbringt. Im Unterschied zur Dekonstruktion bei Derrida ist die Durchquerung bei Irigaray ausschließlich auf die Frau bezogen. Ihr kommt es darauf an, daß die Frauen, „[...] die Weise interpretierend-wiederholend, in welcher im Innern des Diskurses das Weibliche sich determiniert findet: als Mangel, als Fehlen, oder als Mime und verkehrte Wiedergabe des Subjekts – kundtun, daß dieser Logik gegenüber von Seiten des Weiblichen ein *ver-rückender Exzeß* möglich ist". (Irigaray 1979; S.80)

Die Durchquerung soll die Rede *über* die Frau überwinden, den herrschenden Diskurs aus der Perspektive der Frau durchbrechen. Die Durchquerung legt weiterhin den Schwerpunkt auf Materialität und Körperlichkeit einer solchen Bewegung, da der Körper der Frau im herrschenden Diskurs am stärksten zum Objekt beziehungsweise Imaginationsobjekt für Männer wurde. Irigaray nennt diese Praxis des Durchquerens *Frau-Sprechen*: " Indem die Frau spricht, kann man versuchen, dem 'Anderen' als Weiblichen einen Ort einzuräumen." (Irigaray 1979; S.141)

Irigaray geht es nicht darum, einen anderen Begriff von Weiblichkeit auszuarbeiten. Trotzdem beleuchtet sie das Verhältnis von Weiblichkeit und Frauen zur Sprache und zum Unbewußten. Sie setzt jedoch das Weibliche <u>nicht</u> mit dem Vor-Symbolischen oder Unbewußten gleich.

An folgendem Punkt unterscheidet sich Irigarays Theorie entscheidend von Weiblichkeitstheorien (zum Beispiel Matriarchatstheorien), die wiederum auf eine Konzeption dessen, was weiblich ist, hinauslaufen: Sie unterscheidet präzise zwischen der Frau und dem Weiblichen.

Zwar setzt auch sie voraus, daß sich die symbolische Ordnung – beispielsweise die sprachliche Ordnung – über den Ausschluß der Frau konstituiert; Ausgangspunkt ihrer Überlegungen ist jedoch die sexuelle Konstitution der Frau: gemeint ist eine Selbstbezüglichkeit (beispielsweise spezifische weibliche Körpererfahrungen), von der sie beim Eintritt in die Sprache, d.h. in eine andere, eine patriarchale, Ökonomie, abgeschnitten wird. In dieser anderen Ökonomie befinden sich die Frauen im Zustand der Maskerade, die jedoch laut Irigaray nicht ihrem Begehren entspricht, sondern nur eine Möglichkeit darstellt, in dieser anderen Ökonomie – in einer Art Verstellung – überhaupt aufzutauchen. Die Frauen gehen in dieser maskierten Funktion im Symbolischen nicht auf, sondern „bleiben ebensosehr anderswo." (Irigaray 1979; S.78)

Aus diesem Spannungsfeld, dem *doppelten Ort der Frau*, ihrer Funktion im Symbolischen und dem 'Anderswo' – welches in ihre soziale Identität nicht eingeht – leitet Irigaray die Bewegung der Durchquerung, das *Frau-Sprechen* ab.

Weigel sieht in dem von Irigaray eingeführten doppelten Ort der Frau einen wichtigen Ausgangspunkt, „der die Probleme der kulturellen Produktion wirklich aus der Perspektive der Frau zu betrachten ermöglicht." (Weigel 1987; S.209)

Ich halte Irigarays Ausführungen an dem Punkt für strittig, wo sie beginnt, die *andere sexuelle und körperliche Konstitution* der Frau in ihre Überlegungen zur Weiblichkeit miteinzubeziehen. Dies birgt m.E. die Gefahr einer anderen Setzung, nämlich die der sexuellen Differenz und damit die Möglichkeit zur biologistischen Argumentation und zur erneuten Naturalisierung sozialer Unterschiede.

Ohne die Bedeutung von 'weiblich' festlegen zu wollen, geht Irigaray davon aus, daß sich in der Stimme der Frau Spuren von jenen Konflikten erhalten haben, die im Prozeß der Zurichtung des Individuums zur Instanz eines *identischen Subjekts* stattgefunden haben. Die Stimme der Frau bewahrt sozusagen Zeichen des dabei *Verdrängten und Überschießenden* auf. Ähnlich argumentiert die afro-amerikanische Feministin Audre Lorde – ohne sie als Poststrukturalistin vereinnahmen zu wollen – in ihrem Aufsatz *Dichten ist kein Luxus*, wenn sie ihre Auffassung der Bedeutung von Dichtung für Schwarze Frauen formuliert:

„[...] durch Dichtung erhalten wir Namen für Ideen, die bis zur Entstehung unseres Gedichts namenlos und formlos, noch nicht geboren und doch schon fühlbar waren. Aus dieser 'Verdichtung' unserer Erfahrung, die aus der wirklichen Lyrik entspringt, erwachsen Gedanken, wie aus dem Traum Konzepte, aus dem Fühlen Ideen und aus dem Wissen Verstehen erwächst [...] Aber es gibt keine neuen Ideen [...]. Es gibt nur alte, vergessene Ideen [...] und in uns selbst wiedererkannte Ideen [...] Unsere Gedichte formulieren den tieferen Sinn unserer selbst, den Sinn dessen, was wir in uns fühlen [...] unsere Ängste, unsere Hoffnungen, unsere bestgehüteten Schreckensvisionen [...] Denn innerhalb von Strukturen, die von Profit, linearer Macht und institutionalisierter Entmenschlichung bestimmt sind, ist es eigentlich nicht vorgesehen, daß unsere Gefühle überleben.“ (Lorde 1993; S.88-91)

Audre Lorde spricht über Möglichkeiten der Subjektwerdung und *Entkolonialisierung* durch Schreiben. Kolonialisierung bedeutet mehrfache strukturelle Unterdrückung. Von dieser mehrfachen Unterdrükkung sind weiße Frauen nicht betroffen.

Irigaray setzt die Zeichen des *Verdrängten und Überschießenden*, d.h. das Uneigentliche in der Rede und Schrift der Frau, nicht mit *dem* ‘Weiblichen’ gleich, sondern bezeichnet es als Ausdruck einer unmöglichen Identität, weil die Frau sich nicht vollständig mit dem ihr zugewiesenen Ort im Symbolischen identifizieren kann. Ihr doppelter Ort ist sozusagen Matrix für die Bewegung der Durchquerung, die wiederum notwendig ist, damit die Frau nicht in der Uneigentlichkeit, der Maskerade oder der Indifferenz gefangen bleibt.

Weigel sieht ein solches Gefängnis, „wenn die Frau auf den uneigentlichen Sinn ihrer Rede festgelegt wird, damit das Weibliche als Metapher im Spiel einer *écriture* [...] benutzt werden kann“ (Weigel 1987; S.210). Hinsichtlich der literarischen Praxis bedeutet die Durchquerung das Bezugnehmen auf „[...] klassische institutionalisierte Diskurse [...], welche zur Subjektbegründung beitragen und dabei das weibliche Subjekt abwehren und es stattdessen als Objekt festlegen. Kritik wird hier nicht von außen geübt, es wird kein Gegenentwurf formuliert, sondern weibliche Subjektivität artikuliert sich im Innern der Diskurse aus der spürbaren Diskrepanz gegenüber den dort produzierten 'Wahrheiten', indem deren Strukturen aufgebrochen werden.“ (Weigel 1987; S.130)

Als Beispiel für herrschende Diskurse, welche die Frau als Objekt festlegen und weibliche Subjektivität ausschließen, ist neben dem psychoanalytischen Diskurs, der akademische Diskurs zu nennen.

„Ist der akademische Diskurs vielleicht derjenige, in dem das männliche Subjekt am deutlichsten im Zentrum steht und sich als verfügendes konstituiert, indem es Material, Methoden, Argumentationsweisen handhabt, so stellt die Psychoanalyse den klassischen Diskurs der Subjekt- und Sinnkonstitution dar.“ (Weigel 1987; S.133)

Irigaray stellt fest, daß das weibliche Begehren in diesem Diskurs als Mangel eingeschlossen ist, was die starke Abarbeitung von Frauen an der Psychoanalyse begründet. Schreibweisen, die den psychoanalytischen Diskurs durchqueren, folgen nicht dem Persönlichkeits- und Entwicklungsmodell der Biographie, sondern verbinden assoziative, erzählende, reflektierende und surrealistische Passagen.

Hier liegt ein weiterer Kritikpunkt an Irigarays Verfahren der *Durchquerung*. Sie bezieht sich lediglich auf phallozentrisch-patriarchale Diskurse (der psychoanalytische- und akademische Diskurs), leitet aus deren Dekonstruktion <u>die</u> Befreiungsmöglichkeit für *alle* Frauen ab und läßt andere herrschende Diskurse, die sich über den Ausschluß *bestimmter* gesellschaftlicher Gruppen von Frauen konstituieren, unbeachtet.

Frauen unterhalten eine andere Beziehung zur Sprache als Männer, da ein Teil ihrer (Körper-)Erfahrungen aus der logozentrischen Sprachstruktur ausgeschlossen sind. Sie müssen, um ‘sich zu schreiben’, ihren Körper ins Spiel bringen. Deshalb ist der weibliche Körper in den Debatten um ‘weibliche’ Ästhetik von großer Bedeutung; hierbei geht es zum Beispiel um die Einbeziehung der Gestik des Körpers und der Sprache der Krankheit – d.h. vorsprachliche oder vorsymbolische Räume – in die verbale Sprache (symbolische Ordnung). Weigel formuliert die Rolle des weiblichen Körpers in der symbolischen Ordnung der Sprache folgendermaßen:

„Ist der weibliche Körper eines der hervorragenden Objekte literarischer Imaginationen männlicher Autoren, so ist er darin meist als Wunschobjekt festgeschrieben und dagegen als lebendiger, unkontrollierter Körper abgewehrt. Andererseits sind Selbstthematisierungen aus der Perspektive von Frauen weitgehend tabuisiert, da der Eintritt in eine intellektuelle Sphäre für sie immer noch damit verbunden ist, daß sie von ihrem Geschlecht, also auch von ihrem Körper, absehen müssen." (Weigel 1987; S.112)

Luce Irigaray sieht in der Entwicklung einer Schreibweise, die der Sprache des Körpers Raum läßt, ohne auf die verbale Sprache zu verzichten, einen weiteren zentralen Punkt zur Entwicklung einer 'weiblichen' Schreibweise. Sie meint damit eine Schreibweise, welche die Artikulationen und Wahrnehmungen des Körpers nicht abtrennt, die aber auch nicht im sprachlosen (Krankheits-)Symptom verharrt. Irigaray spricht von der Entwicklung einer anderen Syntax, die sich auf die gestischen und körperlichen – aus der Logik ausgeschlossenen – Ausdrucksweisen von Frauen bezieht.

„Das Problem des 'Frau-Sprechens' besteht gerade im Finden einer möglichen Kontinuität zwischen jener Gestik oder Sprache des Begehrens, die zur Zeit nur in der Form von Symptomen und Pathologie erkennbar sind, und einer Sprache, die auch eine verbale Sprache umfaßt." (Irigaray 1979; S.142-143)

Aufgrund der Symptomsprache, welche die Diskrepanz zwischen herrschenden Diskursen und weiblichen Erfahrungen notiert, ist der weibliche Körper auch im Zusammenhang mit der von Irigaray beschriebenen Bewegung der Durchquerung von Bedeutung.

Oft wird der Ausschluß weiblicher Körpererfahrungen aus der Sprache auch im Kontext von strukturellen Gewaltverhältnissen gesehen, die in den herrschenden Sprachregelungen zum Verschwinden gebracht oder tabuisiert worden sind. Auch hier geht es um die Dekodierung bzw. Dechiffrierung der herrschenden Sprachregelungen. Die Beschreibungen von Vergewaltigung – aus weiblicher Sicht – als Symptom des patriarchalen Gewaltverhältnisses sind ein Beispiel dafür.

Erzähltraditionen, wie Volksmythen, Sagen und Märchen werden oft als 'weibliche' Kulturformen betrachtet. Die Gründe liegen in der historischen Rollenfixierung der Frau als Hausfrau und Mutter. Verwiesen auf die Innenräume hat die mündliche Tradition, wie das Erzählen von Märchen und Sagen – beispielsweise für Kinder –, die Bedeutung einer ästhetischen Äußerungsform.

„Während die männliche Dominanz der Überlieferung sich auf die Schriftkultur bezieht, haben die Frauen in der Praxis und Überlieferung mündlicher Kultur auch in der europäischen Geschichte immer eine wichtige Rolle gespielt, so daß das Bild vom Schweigen bzw. von der Abwesenheit der Frauen vor allem für die fixierten, auf Dauer angelegten Wissens- und Kunstformen Gültigkeit beansprucht." (Weigel 1987; S.308)

Bei der Spurensuche nach verdrängten Ausdrucksformen weiblicher Kultur erhalten mythische Elemente eine neue oder sogar programmatische Bedeutung, zum einen als Organisationsform abgedrängter beziehungsweise nicht 'ernst genommener' weiblicher Kultur und Erfahrung, zum anderen als Anhaltspunkt für eine andere, eine weibliche Ästhetik.

Im Kontext der von Irigaray beschriebenen Durchquerung herrschender Diskurse – vor allem des psychoanalytischen Diskurses – und der Verweigerung des Persönlichkeits- und Entwicklungsmodells der (chronologischen) Biographie erlaubt die Verlegung des Geschehens in den Mythen entlehnte Orte, „daß in der Darstellung eine Gleichzeitigkeit von Imaginärem und Realem hergestellt wird, d.h. lebensgeschichtliche Ereignisse [...] Vorstellungen, Träume, Ängste ebenso wie fiktionale Entwürfe werden als gleichwertig behandelt." (Weigel 1987; S.136)

Das Nebeneinander verschiedener Zeit- und Realitätsebenen und die Gleichberechtigung der menschlichen und mythischen Figuren durchbrechen das Schema der chronologischen Entwicklung und erzeugen über die erweiterte Darstellung menschlicher Wahrnehmungsformen, wozu – neben der Widerspiegelung von sogenannter 'objektiver Realität' – auch Träume, Phantasien und Assoziationen gehören, einen umfassenderen Eindruck von weiblicher Lebenswirklichkeit. Christa Wolf hat diese Auffassung von Realismus *subjektive Authentizität* genannt.

Zur Überwindung weiblicher Geschichtslosigkeit

Dem Mangel an weiblicher Geschichte und Subjektivität in der Literatur soll in zweierlei Hinsicht begegnet werden. Erstens machen die Autorinnen ihre eigene Entwicklung zum zentralen Thema. Erinnerungsarbeit soll die Prägungen der eigenen Lebensgeschichte durch familiäre und gesellschaftliche Erfahrungen verdeutlichen. Ingeborg Bachmann, Anna Seghers und Christa Wolf haben in ihren Werken immer wieder die persönliche Entwicklung im gesellschaftlichen und historischen Kontext thematisiert. Zweitens geht es in der feministischen Literaturgeschichtsschreibung um die Frage nach dem Ort von Frauen in der Geschichte und die Begründung historischer Relevanz weiblicher Erfahrungen.

Autobiographische Texte sind aufgrund mehrerer Erscheinungen die bevorzugte Form, mit der Frauen den Subjektstatus zu erlangen glauben. Bedingt durch die Geschichte der Privatisierung des weiblichen Lebenszusammenhangs, haben Autobiographien für Frauen eine besondere Bedeutung. In ihnen soll die Trennung zwischen dem als privat und nicht literaturfähig gewerteten Ort von Frauen und der öffentlichen Sphäre von Kunst und Politik im Medium der Literatur aufgehoben werden. Die weibliche Autobiographie, deren Perspektive nicht an die Position einer herausragenden Persönlichkeit oder Situation gebunden ist, bedeutet eine programmatische Aufwertung weiblicher Lebensgeschichten.

Tagebuchartige Aufzeichnungen stellen eine häufige und typische Erscheinungsform literarischer Erstveröffentlichungen von Frauen aus den 70er Jahren dar. Authentizität, Subjektivität und die Kategorie der persönlichen Erfahrung sowie die Beschreibung 'normaler', alltäglicher Erfahrungen von Frauen stehen dabei im Vordergrund. Der Anspruch ist, eine Entprofessionalisierung des Schreibens herbeizuführen.

Die Authentiziät der tagebuchartigen Aufzeichnungen besteht darin, daß keine ästhetische Ich-Konzeption vorliegt, d.h. die Erzählerin mit der Ich-Person im Text identisch ist und auch andere auftretende Personen auf reale Personen verweisen. Die Bemühungen, das eigene 'Ich' zum Zentrum der Texte zu machen, ist als Versuch zu werten, die bestehende Abwesenheit weiblicher Subjektivität in der Öffentlichkeit zu überwinden. Tagebuchartige Aufzeichnungen von Frauen grenzen sich in folgenden Punkten von der ‘männlichen’ Ästhetik der ‘großen’ Literatur ab:

„Die Unabhängigkeit von Formzwängen, die Nähe zum Alltag und die Unmittelbarkeit der Äußerungen machen die unbearbeiteten 'authentischen' Aufzeichnungen – unter der Metapher 'Leben als Text' – zum Vorbild für eine Schreibweise 'weiblicher Subjektivität'.“ (Weigel 1987; S.101)

In dem Anspruch der Unmittelbarkeit und dem Wunsch nach ‘unverstellter’ Literarisierung der eigenen Lebensgeschichte zeigt sich ein nicht-elitärer Ästhetik- und Kunstbegriff, der auf vormoderne Traditionen und den in der Tradition der Romantik stehenden Topos der Verbindung von Kunst und Leben zurückgreift.

Die Kritik an der beschriebenen ‘authentischen’ Literatur von Frauen bezieht sich auf die mangelnde Auseinandersetzung mit den herrschenden literarischen Form- und Sprachnormen. Solange in den Autobiographien keine Form- und Sprachkritik geübt wird, bleiben sie literarischen und genrespezifischen Stereotypen, d.h. rhetorischen Figuren imaginärer Authentizität, verhaftet, die eigentlich aufgebrochen werden müßten, damit weibliche Subjektivität sich äußern kann. Oft liegt den ‘authentischen’ Texten ein Wirklichkeitsbegriff zugrunde, der in der Tradition der Beschreibungsliteratur von einer direkten Abbildbarkeit des Realen ausgeht, statt die kulturell und sprachlich vermittelten Muster zu untersuchen, in denen Erfahrungen Gestalt annehmen.

Die Auseinandersetzung mit dem Vater ist ein weiteres häufig zu beobachtendes autobiographisches Motiv. Texte, die sich mit der Vaterfigur beschäftigen, sind geprägt durch ambivalente Gefühle von Unabhängigkeits- und Nähewünschen.

Auffällig an den ‘Vatertexten’ ist, daß sie sehr häufig von ‘Töchtern aus gutem Hause’ stammen. Meistens wird die klassische Familienkonstellation beschrieben, mit der geschlechtsspezifischen Verteilung von Macht und Ohnmacht im familialen Dreieck. Der Vater repräsentiert dabei die private und gesellschaftliche Autorität. Er ist der Vertreter der Außenwelt, der Normen und Gesetze. Die Rolle der Mutter ist die der Vermittlerin dieser Normen an das Kind. Auf der anderen Seite ist die Position des Vaters aber auch durch seine Abwesenheit gekennzeichnet, was eine konkrete Auseinandersetzung mit ihm erschwert und

Nähewünsche auslöst. Beim Versuch des aufarbeitenden Schreibens über den Vater taucht ein schwer zu lösender Widerspruch auf:

„Die Frau, die schreibt, die sich den Mund nicht verbieten läßt, sieht sich mit einer neuen, in eine andere Form transformierten Bevormundung konfrontiert; mit der Präformierung ihrer Schrift durch sprachliche Strukturen, literarische Traditionen, mit der impliziten Bedeutung von Genremustern und rhetorischen Figuren. Der Kampf mit dem Vater wiederholt sich für sie unweigerlich auf der Ebene der Sprache." (Weigel 1987; S.166)

Die gesellschaftliche Struktur der Bevormundung der Frau durch den Mann wiederholt sich in der Literatur, die aus weiblicher Perspektive den Vater zum Thema hat, da es den nicht-patriarchalen Raum in unserer Gesellschaft nicht gibt. Von den patriarchalen Strukturen bleibt, wie bereits erwähnt, auch die Sprache nicht verschont.

Neben den Werken zur Aufarbeitung familiärer Erfahrungen und Kindheitserinnerungen erscheinen, wenn auch sehr verzögert, Biographien über den Frauenalltag im Nationalsozialismus oder literarische Versuche, weiblichen Widerstand im Faschismus nachzuzeichnen: „[...] diese aufgeschriebenen Erinnerungen von Frauen (bieten) einen wichtigen Ansatz für die Überwindung weiblicher Geschichtslosigkeit. Vor allem geben sie als individuelle Dokumente, im Gegensatz zu verallgemeinernden Tendenzen in der Geschichtsschreibung, Aufschluß über den so unterschiedlichen Ort von Frauen im Faschismus." (Weigel 1987; S.153)

Die Thematisierung der persönlichen Lebensgeschichte, vor allem in den Texten, die im Kontext des feministischen Diskurses entstanden sind, ist problematisch, „wenn die Behandlung von Kindheitserinnerungen als 'Medaillons' mit einem Gestus emanzipativer Bewußtwerdung und Aufklärung verbunden wird, so daß die Vergangenheit als Negativbild erscheint, als schlechte, aber derweil überwundene Befangenheit des 'Ichs' im traditionellen Frauenbild, während der in der Gegenwart erreichte Standpunkt als absolute Wahrheit dasteht." (Weigel 1987; S.146-147)

Die Kritik bezieht sich v.a. auf eine Perspektive der Überlegenheit über die eigene Vergangenheit, eine Perspektive, die alle Widersprüche befriedet zu haben glaubt.

„Wird aus der Perspektive einer Wissenden auf die Unfreiheit der eigenen Vorgeschichte zurückgeblickt und die Darstellung eigener Lebensgeschichte einer Motivierung der gegenwärtigen Position unterworfen, verstärkt sich die Gefahr, daß die notwendige Erinnerungsarbeit gerade nicht geleistet wird.“ (Weigel 1987; S.147)

Deshalb sollte eine Perspektive und eine Schreibweise entwickelt werden, die die Vergangenheit nicht als Vergangenes behandelt, sondern als *Vergangenheit in der Gegenwart*, wie es Christa Wolf in *Kindheitsmuster* (1979) versucht. „Das Vergangene ist nicht tot; es ist nicht einmal vergangen. Wir trennen es von uns ab und stellen uns fremd.“ (Wolf 1979; S.11). In *Kindheitsmuster* sind die zentralen Einheiten autobiographischer Schreibweise aufgelöst. Das 'Ich' zum Beispiel ist in die dritte Person (‘Sie’, das Kind) und die zweite Person (du), welche die Selbstreflexion der Erzählerin verdeutlicht, aufgespalten. Eine Perspektive, die die *Vergangenheit in der Gegenwart* sieht, hat nicht nur für die Aufarbeitung der persönlichen Geschichte, sondern auch für die Auseinandersetzung mit dem Faschismus, eine besondere Bedeutung, weil dieser Fokus die Vergangenheit nicht als abgeschlossen oder überwunden betrachtet, sondern Kontinuitäten, wie die des faschistischen Denkens, transparent bleiben können.

Durch die schriftstellerische Konzentration der Familiengeschichte auf den Zweig der weiblichen Mitglieder sollen Frauenerfahrungen im Generationenwechsel beleuchtet werden. So entstehen weibliche Genealogien, deren Bedeutung von Weigel folgendermaßen beschrieben wird: „Spart die Geschichtsschreibung die Ereignisse, die sich im weiblichen Lebenszusammenhang abspielen, weitgehend aus, so finden Frauen in der Lebensbeschreibung ihrer Mütter und (Ur)Großmütter Spuren einer eigenen Überlieferung“ [...] Während der Vater häufig *die* gesellschaftliche Ordnung repräsentiert, hat die Mutter ihren Platz in einer kollektiven Geschichte, wird von der Tochter, die selbst Mutter ist, Frauen-Geschichte als Kontinuum erlebt.“ (Weigel 1987; S.155f)

Die Literaturgeschichte zählt zu jenen Disziplinen, in denen der Vorgang des aktiven Vergessens weiblicher Kulturleistungen am nachhaltigsten gewirkt hat. Schon 1928 setzte Virginia Woolf in ihrem, inzwischen sehr bekannten Buch *Ein Zimmer für sich allein* eine Phantasietätigkeit im Sinne von ‘was wäre wenn’ in Gang, um über die verhinderte Kreativität von Frauen in der Geschichte nachzudenken. Wenn die von Woolf angeregte Phantasietätigkeit sich realen Frauen und den überlieferten Zeugnissen und Spuren ihres Lebens zuwendet, muß sich mit drei strukturellen Aspekten zur Verdrängung von Frauen aus der Geschichtsschreibung auseinandergesetzt werden, welche die fundamentale Differenz zwischen Männern und Frauen hinsichtlich der künstlerischen Produktionsbedingungen begründen: Das sind erstens die Mechanismen der Selektion: was gilt in den herrschenden Diskursen als geschichtsschreibungswürdig und was nicht; zweitens die Prozeduren des Vergessens: was nicht aufgeschrieben wird und den herrschenden ästhetischen Normen nicht entspricht, existiert nicht; und drittens die Strukturen der Bilderproduktion: durch die Stereotypisierung der realen Frau erstarrt diese zur Bildfunktion, wird zum Objekt der herrschenden Geschichtsschreibung, die mit einem universell gültigen Wahrheitsanspruch operiert.

Viele Texte, die in der Folge des kritischen feministischen Diskurses der 70er Jahre entstanden sind, widmen sich den blinden Flecken in der herrschenden Literaturgeschichtsschreibung, d.h. den dort 'vergessenen' beziehungsweise schweigenden Frauen. Das sind zum Beispiel die sogenannten Musen, vielbesungene reale oder fiktive Geliebte bekannter Dichter und Dichterhelden in der Literatur, exponierte Objekte für fachwissenschaftliche Männerphantasien. In der Romantik beispielsweise erlebte das Bild der Muse als reine Projektionsfläche für ein verklärendes Liebesideal eine 'Renaissance', wurde zum typischen weiblichen Element romantischer Dichtung. Ob Mathilde in Novalis' *Heinrich von Ofterdingen*, E.T.A. Hoffmanns Serpentina in *Der Goldene Topf* oder – schon grotesk – der schöne Automat Olimpia im *Sandmann*; sie alle sind berauschend schöne, anmutige weibliche Wesen, ohne persönliche Eigenschaften, mit der einzigen Funktion, die künstlerische Kreativität des männlichen Helden zu fördern, seinen Geist zu beflügeln und ihn in sublimierter Form erotisch zu reproduzieren.

In der feministischen Literaturwissenschaft, die sich mit den blinden Flecken beschäftigt, geht es um die Rekonstruktion der realen Lebensspuren der Musen, die sich hinter der Bilderflut verbergen. Weiterhin wird bei der Suche nach den blinden Flecken die Spur der anonymisierten, sprachlosen Frauen der Literaturgeschichte verfolgt, die die Arbeit und Produktivität ihrer Brüder, Männer usw. ermöglichten. Der feministischen Literaturwissenschaft kommt es darauf an, die verborgenen Leistungen dieser Frauen zu entschlüsseln und die Bedingungen für die Hemmung ihrer Kreativität zu untersuchen.

Mit wem spricht die *Stimme der Medusa*?

Sigrid Weigels einleitende Feststellung zur grundlegenden Problematik feministischer Literaturproduktion beschreibt, unter Berücksichtigung der anderen Erfahrungen von Vereinnahmung und Ausgrenzung, auch die Ausgangssituation Schwarzer beziehungsweise afro-deutscher Autorinnen:

„Wenn diese (die Frauen; Anm.d.Verf.) versuchen, das, was aus den herrschenden Redeweisen und Überlieferungen ausgeschlossen ist, zu beschreiben, dann müssen sie den Ort, von dem aus gesprochen wird, einnehmen; und dort sind sie immer schon die Beschriebenen." (Weigel 1987; S.8)

Es wäre für alle Frauen wichtig, dieser Feststellung mit Blick auf die Lebenssituation, die Inhalte und Schreibweisen Schwarzer und farbiger Frauen nachzugehen, was jedoch offensichtlich nicht Weigels Interesse war. Trotz der Tatsache, daß auf die Spezifika der Literatur Schwarzer Frauen nicht eingegangen wird, erhebt der Untertitel *Schreibweisen in der Gegenwartsliteratur von Frauen* den universalistischen Anspruch, umfassend über die Erscheinungsformen der Gegenwartsliteratur *aller* Frauen zu berichten. Die Tatsache des Ausschlusses Schwarzer Autorinnen aus Weigels Untersuchung hat zur Folge, daß sich afro-deutsche Autorinnen mit ihrer Lebenssituation nur partiell in der Untersuchung wiederfinden können. Deshalb ist die afro-amerikanische feministische Literatur und Literaturwissenschaft ein wichtiger literarischer und theoretischer Bezugspunkt für afro-deutsche Autorinnen. In der schwarzen feministischen Theorie (*Black Feminist Criticism*), ihrer Geschichte und Tradition sowie den theoretischen Grundzügen gibt es teilweise Übereinstimmungen mit der (weißen) feministischen Literaturkritik und -wissenschaft, aber auch Abgrenzungen und andere Konzepte, die sich aus der spezifischen Situation Schwarzer Frauen ergeben.

Vor allem die fortgeschrittenen Ansätze zu einer schwarzen weiblichen Literaturgeschichtsschreibung – *Black Female Literary Tradition* – und der Entwicklung eines schwarzen feministischen Kunstbegriffes, begründen die Orientierung afro-deutscher Autorinnen an afroamerikanischen Schriftstellerinnen und der afro-amerikanischen Frauenliteratur, auch wenn die gesellschaftliche Situation Schwarzer deutscher Frauen sich in vielen Punkten von der Lebensrealität der Afro-Amerikanerinnen unterscheidet. Im deutschsprachigen Raum sind wissenschaftliche Veröffentlichungen zur Literatur Schwarzer Frauen rar. Zu den wenigen gehören eine Dissertation von Anne Koenen mit dem Titel *Zeitgenössische Afro-amerikanische Frauenliteratur* (1985) und *Black Aesthetics* (1988) von Sheila Mysorekar, eine Magisterarbeit über Werke Schwarzer amerikanischer Schriftstellerinnen der 70er und 80er Jahre.

Die grundsätzliche Kritik Schwarzer Frauen an der feministischen Theorie westlicher Prägung – und diese Kritik schließt die (weiße) feministische Literaturwissenschaft mit ein – bezieht sich im wesentlichen auf drei strukturelle Phänomene, die sich mit den Schlagworten 'Vereinnahmung und Auslöschung', 'Verdrängung der Täterinnenschft' und 'kolonialisierende Denkweisen' beschreiben lassen. Den Ausführungen dazu stelle ich die Behauptung voran, daß die feministische Forschung und die Frauenforschung weißer Frauen inhaltlich und methodisch häufig durch Ethnozentrismus beziehungsweise einem *weißen Solipsismus*[16], einer weißen Selbstbezogenheit, gekennzeichnet ist.

Schwarze Frauen werden von der feministischen Theorie westlicher Prägung zugleich ausgeschlossen und vereinnahmt. Die neue Frauenforschung führte die soziale Kategorie Geschlecht ein. Sie forderte zu einer Berücksichtigung der Geschlechterverhältnisse und der mit ihnen verknüpften Machtverteilung zwischen den Geschlechtern auf, und wandte sich der Untersuchung weiblicher lebensweltlicher Zusammenhänge zu. Nicht berücksichtigt wurde dabei folgende Tatsache:

---

16 *Solipsismus* ist die Bezeichnung für eine Position, „nach der nur das Wert hat, was dem eigenen Selbst zugute kommt“ (aus: "Meyers Grosses Taschenlexikon" 1983, Bd.20; S.235). Mit *weißem Solipsismus* bezeichnet Adrienne Rich die Tendenz, „zu denken, Vorstellungen zu entwickeln und zu sprechen, als wenn die Weißheit die Welt beschreibt.“ (Rich 1979; S.299)

„Weiße Frauen leben in einem anderen Verhältnis zu weißen Männern als Frauen ethnischer und kultureller Minderheiten. Ihre (potentielle) Partnerschaft und Teilhaberschaft verleiht ihnen gewollt oder ungewollt Privilegien innerhalb des sozialen Systems und Macht über Minderheiten und verführt sie zur Beibehaltung eines 'weißen Solipsismus'." (Schultz 1990; S.48)

Die feministische Theorie verallgemeinert die soziale Konstruktion des Begriffes 'Frau' und isoliert sie von Kategorien wie Klasse oder ethnische Zugehörigkeit. Es erfolgte die gedankliche Gleichsetzung von 'Frau' oder die 'Frauen' mit 'weiße Frauen', meistens mit weißen Frauen der Mittelklasse in westlichen Ländern.

„Damit vereinnahmten Feministinnen die Massen von Frauen, die für ihre analytischen Konzepte und ihre Schlußfolgerungen nicht oder nur bedingt brauchbar waren. Diese Vorgehensweise impliziert die Auslöschung spezifischer Formen von Unterdrückung von Frauen in konkreten kulturellen und historischen Zusammenhängen wie auch ihrer Stärken und Widerstandformen, die Frauen entwickelten." (Schultz 1990; S.49)

Diese eurozentrische Sichtweise des feministischen Diskurses weißer Frauen läßt die unterschiedlichen Lebenserfahrungen von Schwarzen Frauen im Trikont, in den USA, in Europa und der BRD unberücksichtigt und macht den Opferstatus aller Frauen zur Prämisse. Dieser Opferstatus resultiert im westlichen feministischen Diskurs lediglich aus der Analyse patriarchaler Machtverhältnisse und ignoriert dabei unterschiedliche Klassen- und Religionszugehörigkeit sowie die jeweilige Hautfarbe und verallgemeinert die Situation der Frauen der bürgerlichen, intellektuellen Mittelschicht zur Standortbeschreibung aller Frauen. Aufgrund dieses Opferverständnisses neigen weiße Frauen dazu, „die Diskriminierungen, denen sie als Frauen der Mittelschicht ausgesetzt sind, auf die unterschiedlichsten Frauen in aller Welt zu übertragen – so als seien das auch deren vordringlichsten Probleme." (Engelhardt 1993; S.134)

Die Erfahrungen von Rassismus und ökonomischer Benachteiligung Schwarzer Frauen und das daraus entstehende strukturelle Machtverhältnis zwischen Schwarzen und weißen Frauen wurde vom westlichen feministischen Diskurs lange Zeit ignoriert.

Diese Feststellung führt zum zweiten Kritikpunkt Schwarzer Frauen am feministischen Diskurs westlicher Prägung: Die Verdrängung der Täterinnenschaft, d.h. die Tabuisierung des Rassimus weißer Frauen und die Verdrängung der eigenen – kolonialen und faschistischen – Vergangenheit innerhalb des feministischen Diskurses. Indem sich die Frauen der feministischen Bewegung „qua biologischem Geschlecht in die Geschichte der Opfer einordnen, erteilen sie sich großzügig die Absolution" (Jacoby/Lwanga 1990; S.99) für alle Unrechtsstrukturen in Geschichte und Gegenwart. Vor allem die weitgehende Verdrängung der expliziten oder indirekten Beteiligung deutscher Frauen am Kolonialismus und die Billigung der Kolonialpolitik durch die erste deutsche Frauenbewegung ist auffällig:

„Texte zur Geschichte der ersten Frauenbewegung sparen in frappierender Weise jeglichen Hinweis auf das Verhältnis zur Kolonialpolitik und zu Frauen in den Kolonien wie auch jüdische Frauen aus." (Schultz 1990; S.48)

Auch Schwarze Frauen in Deutschland sind kein Thema in Forschungsarbeiten zur ersten Frauenbewegung in Deutschland. Beispiele für die, in dieser Hinsicht unkritischen, Darstellungen sind das mehrmals aufgelegte Buch von Herrad Schenk mit dem Titel *Die feministische Herausforderung, 150 Jahre Frauenbewegung in Deutschland* (1980) oder Ute Gerhards *Unerhört* (1990). Dabei zeigen sich rassistische Tendenzen in der ersten Frauenbewegung Deutschlands sehr deutlich. Die verschiedenen Gruppierungen der bürgerlichen Frauenbewegung, die ausschließlich aus weißen Frauen bestanden – im Gegensatz zu den USA –, nahmen eine weitgehend unkritische Haltung zur deutschen Kolonialpolitik ein.

„Die bürgerliche Frauenbewegung stand auf der Grundlage nationalistischer Ideen voll hinter der Kolonialpolitik [...] Ebenso ignorieren Textsammlungen zu den 20 Jahren der neuen Frauenbewegung[17] die Existenz von jüdischen Frauen, Schwarzen Frauen und Immigrantinnen und deren Aktivitäten." (Schultz 1990; S.47-48)

Helene Lange beispielsweise wurde als Verteterin der ersten Frauenbewegung in Deutschland sehr bekannt, weil sie sich ab 1887 stark für

17 Gemeinhin wird der Beginn der neuen Frauenbewegung in Deutschland Ende der 60er Jahre angesetzt.

die Verbesserung der Bildungsmöglichkeiten von Mädchen und Frauen einsetzte (vgl. Gerhard 1990; S.140-148). Von Lange wurde ab 1893/94 die Zeitschrift *Die Frau* herausgegeben. Diese Zeitschrift, „die übrigens ohne Unterbrechung auch im faschistischen Deutschland bis 1944 erschien, brachte als eine der Ausnahmen zwischen 1894 und 1903 wenigstens ganze vier Artikel, die sich mit den Kolonien, allerdings nur mit den deutschen Frauen und ihrem schweren Kolonialhausfrauenlos dort, beschäftigten. Verfaßt waren sie alle von Frieda von Bülow, die 1887 mit ihrem Bruder Albrecht, einem Offizier der deutschen Ostafrikatruppe, nach Ostafrika ging, um dort die erste Pflegestation einzurichten." (Mamozai 1989; S.242)

Wenn sich weiße Frauen mit dem Thema Rassismus beschäftigen, geschieht dies häufig auf einer sehr intellektuellen Ebene, anstatt sich mit den Erfahrungen Schwarzer Frauen als Teil der Frauengeschichte auseinanderzusetzen. Die Ursachen für die ausschließlich intellektuelle Herangehensweise an das Thema Rassismus liegen in der mangelnden Kenntnis vom Leben Schwarzer Frauen, im normativen Anspruch eurozentrischer Wissenschaft und oft auch an internalisierten Schuldgefühlen.

„Nicht zuletzt ist Schwarzen Frauen der weiße Feminismus suspekt, weil diese Last von Schuldgefühlen Fragestellungen nur schwer zulassen kann – Fragen nach den Siedlcrinnen in (Deutsch-) Ost- und Süd-west-Afrika [...] Fragen über die eigenen Mütter im Faschismus." (Kraft 1990; S.42)

Gleichzeitig mit der Verdrängung der Beteiligung weißer deutscher Frauen am Kolonialismus wird auch deren Beitrag zur Bildung rassistischer und sexistischer beziehungsweise exotistischer Stereotypen von Schwarzen Frauen verdrängt. Die Tendenz zur Stereotypisierung zeigt sich auch im heutigen westlichen feministischen Diskurs in der monolithischen Zeichnung *der* 'Dritte-Welt-Frau', was die, auch diesem Diskurs immanenten, kolonialisierenden Denkweisen entlarvt.

Im monolithischen Bild der 'Dritte-Welt-Frau', werden alle nicht-weißen, nicht westlich-sozialisierten Frauen universal durch ihren Opferstatus definiert. Gayatri Spivac und Chandra Mohanty untersuchen in ihren Arbeiten das kolonialistische Herrschaftsverhältnis zwischen westlichen und nicht-westlichen Frauen. Wie bereits erwähnt, ist Mohantys Definition von Kolonialisierung eine diskursive, die sich auf einen Modus der Wissensaneignung und -kodifizierung durch herrschende Diskurse bezieht. In diesem Zusammenhang geht es Mohanty in erster Linie darum, eine Vorgehensweise aufzuzeigen, die Andere als nicht-westlich und sich selbst als westlich kodifiziert. Das gespannte Verhältnis zwischen der realen Frau und ihrer Bildfunktion im männlich geprägten – zum Beispiel akademischen und psychoanalytischen – Diskurs wird von Irigaray als doppelter Ort der Frau bezeichnet. Dieses Spannungsverhältnis ist eines der zentralen Themen feministischer Wissenschaft. Mohanty untersucht einige feministische Arbeiten nach den genannten Gesichtspunkten und kommt zu dem Schluß, daß diese die materielle und historische Heterogenitäten im Leben von Frauen der 'Dritten Welt' diskursiv kolonisieren. So wird das monolithische Bild einer 'Dritte-Welt-Frau' konstruiert, um ihr im Anschluß bestimmte Eigenschaften zu zuordnen: sie ist sexuell unterdrückt, ignorant, arm, ungebildet, traditionsbezogen, häuslich, familienorientiert usw. Sie ist ein Opfer. Westliche Frauen hingegen gelten als gebildet, modern und unabhängig. Laut Mohanty wird mit einer monolithischen Konzeption des Patriarchats gearbeitet, die zu einer homogenisierenden Vorstellung von Frauen in der sogenannten Dritten Welt führt. Die Autorin spricht in diesem Zusammenhang von der Konstruktion des 'Dritte Welt Unterschieds', vermittelt als stabiles ahistorisches Phänomen, das Frauen in diesen Ländern unterdrückt. In der Schaffung dieses Begriffs drückt sich eine kolonialisierende Praxis aus, mit der westliche Feminismen die grundlegenden Komplexitäten und Konflikte im Leben von Frauen verschiedener Klassen, Religionen, Kulturen, Ethnien und Kasten unsichtbar machen. Die Ausübung von Macht findet im Diskurs statt, wenn die Autorinnen sich selbst zum impliziten Anhaltspunkt machen, d.h. zum Maßstab, mit dem Andere dargestellt werden. (vgl. Schultz 1990; S.50) Durch einen Prozeß der Homogenisierung und Systematisierung der Unterdrückung von Frauen in nicht-westlichen Ländern werden diese entindividualisiert, was eine Form von Machtausübung darstellt. (vgl. Mohanty 1988: S.160) Der beschriebene kolonialistische Blick weißer Frauen bezieht sich auch auf in der BRD lebende Schwarze und afro-deutsche Frauen. Allein durch ihre dunklere Hautfarbe werden sie mit dem stereotypisierenden Begriff 'Dritte-Welt-Frau' und den daran gekoppelten Eigenschaftszschreibungen in Verbindung gebracht. Die kritische Auseinandersetzung mit der weißen feministischen (Literatur-)Theorie und Praxis ist deshalb ein sehr häufig auftauchendes Thema in der Literatur afro-deutscher Frauen.

Die beschriebenen Kritikpunkte an der weißen feministischen Theorie und der Frauenforschung entsprechen den Kritikpunkten an den strukturellen Mechanismen zur Verdrängung durch den kolonialistischen-, den männlich geprägten akademischen- und den psychoanalytischen Diskurs. Dazu gehören die Mechanismen der Selektion (was sich an der Beschränkung der feministischen Theorie auf eine universalistische Patriarchatskritik zeigt, und an der feministischen Literaturwissenschaft, die schwarze Frauenliteratur nicht in ihre Untersuchungen miteinbezieht), die Prozeduren des Vergessens (als Beispiel sei hier die mangelnde Auseinandersetzung mit der Beteiligung deutscher Frauen am Kolonialismus angeführt) und die Strukturen der Bilderproduktion (die Konstruktion des monolithischen Bildes der 'Dritte-Welt-Frau' mit den dazugehörenden stereotypen Eigenschaftszuschreibungen). Damit ist der feministische Diskurs westlicher Prägung Teil des kolonialistisch-patriarchalen Diskurses.

Die Schwarze deutsche Literaturwissenschaftlerin Marion Kraft stellt fest, „daß innovative akademische Diskurse und feministische Denk- und Schreibweisen, ohne die Einbeziehung unterschiedlicher Lebenserfahrungen von Frauen letzlich patriarchalen Machtstrukturen verhaftet bleiben." (Kraft 1988; S.139)

Wie eingangs zur feministischen Literaturwissenschaft schon festgestellt, sind Schwarze Autorinnen aus Sigrid Weigels Untersuchung zu Schreibweisen in der Gegenwartsliteratur von Frauen ausgeschlossen. Das liegt natürlich zum einen daran, daß erst Mitte der 80er Jahre afrodeutsche Frauen begannen, sich durch das Medium Literatur öffentlich zu äußern. Andererseits findet sich bei Weigel jedoch auch kein kritischer Verweis auf die gesellschaftlich und kulturell bedingten Gründe für die Abwesenheit Schwarzer Autorinnen in der deutschsprachigen Literatur, während sie sehr ausführlich auf die Strukturen der männlich geprägten Diskurse eingeht, die (weiße) Frauen lange Zeit aus dem Literaturbetrieb und der Literaturgeschichte ausgegrenzt und unsichtbar gemacht haben. In diesem Zusammenhang ist festzustellen, daß die

Themen Rassismus und Eurozentrismus als strukturelle Vereinnahmungs- und Ausgrenzungsmechanismen nur am Rande behandelt werden. Eines der wenigen Beispiele, wo die Thematisierung von Rassismus und Eurozentrismus überhaupt stattfindet, ist Weigels Auseinandersetzung mit dem Rassismusvorwurf an Anne Dudens *Übergang* (1982). Darin geht es um einen Überfall Schwarzer Armeeangehöriger auf eine Frau, die schwere Verletzungen davonträgt. Anne Duden wurde das Verwenden rassistischer Bilder vorgeworfen, hinsichtlich der Weise, wie sie den Überfall durch Schwarze GI's und die Ängste, die daraufhin bei der Frau ausgelöst werden, beschreibt. Ein Textbeispiel: „[...] als ihr Tisch von einer Gruppe Schwarzer umringt wurde, einer beweglichen, undurchdringlichen Mauer“. Weigel hält dem Rassismusvorwurf entgegen: „Wird hier von einer Gruppe gesprochen, so ist diese nicht nur als Gruppe von Schwarzen, sondern auch als solche von Soldaten und Tätern identifiziert. Die Darstellng erfolgt aus der Perspektive des Opfers; die Täter-Opfer-Beziehung aber entindividualisiert die Beteiligten. Wollte man aber die Norm aufstellen, daß schwarze Täter nicht als Täter beschrieben werden dürfen, dann würde das einem hilflosen Anti-Rassismus oder gar umgedrehten Rassismus gleichkommen [...].“ (Weigel 1987; S.129)

Angesichts der historisch häufig konstruierten Verbindung des Schwarzen Soldaten mit dem Mythos des Schwarzen Vergewaltigers und der ambivalenten Position weißer Frauen zu diesem Mythos, finde ich die literarische Verwendung eines solchen Bildes mehr als geschmacklos und erachte den Rassismusvorwurf als berechtigt. Strukturelle Machtverhältnisse, wie zum Beispiel zwischen weißen und Schwarzen Frauen, bleiben von Weigel unerwähnt. Die Feststellung weiblicher Geschichtslosigkeit wird lediglich auf phallozentrisch-patriarchale Machtstrukturen zurückgeführt, welche die Frauen in die Innenräume verwiesen und damit von der herrschenden Geschichtsschreibung ausgeschlossen haben. Der Opferstatus bezüglich der Literaturgeschichtsschreibung und bezüglich des Literaturbetriebes wird als für alle Frauen in gleicher Form gültig konstatiert. Diesen Status gelte es, mittels der Entwicklung einer weiblichen Schreibweise und der Suche nach den Frauen in der Geschichte zu überwinden. Zur Überwindung weiblicher Geschichtslosigkeit wird der Entwurf einer weiblichen

Genealogie, die Suche nach den ‘blinden Flecken, d.h. den von der herrschenden Geschichtsschreibung ‘vergessenen’ Frauen, und die schreibende Auseinandersetzung mit der persönlichen und politischen Vergangenheit vorgeschlagen. Die Suche nach den ‘blinden Flecken’ beschränkt sich jedoch auf europäische weiße Frauen. Aufgrund der Ausklammerung anderer Lebens- und Denkformen ist diese Suche nach den ‘blinden Flecken’ für Schwarze Frauen irrelevant. Eine kritische Beschäftigung mit der Vergangenheit von weißen deutschen Frauen im Kolonialismus oder mit der Rolle deutscher Frauen als Täterinnen beziehungsweise Mittäterinnen des deutschen Kolonialismus fehlt in Weigels Untersuchung völlig. Es findet sich auch kein Hinweis darauf, daß weiße Frauen selbst durch die Verdrängung eines Teils ihrer Geschichte zu den Prozeduren des Vergessens und zu ihrer eigenen Geschichtslosigkeit und zudem zur Geschichtslosigkeit Schwarzer Frauen beitragen. Die von Weigel beschriebenen Möglichkeiten, wie Vergangenes in der Gegenwart dargestellt werden kann – als positives Beispiel wird *Kindheitsmuster* von Christa Wolf angeführt – weisen zwar auf die Kontinuitäten des Faschismus beziehungsweise faschistischer Denkmuster hin, nicht aber auf die Kontinuitäten kolonialistischer Denk- und Handlungsstrukturen, die dem historischen Faschismus eine ideologische Basis boten. Bei den meisten von Weigel vorgestellten Texten fällt die starke Konzentration auf das eigene *Ich* auf. Das Patriarchat gilt als einziger Widerspruch zur Befreiung der Frau. Es handelt sich häufig um Selbstthematisierungen, die über die persönliche Befreiung von Rollenzuweisungen hinaus, keine gesamtgesellschaftliche Kritik üben, d.h. insgesamt sehr selbstbezogen sind. Autobiographische Texte und die schreibende Auseinandersetzung mit dem Vater beispielsweise haben für afro-deutsche Autorinnen eine andere Bedeutung, als lediglich den Spuren einer geschlechtsspezifischen Erziehung nachzugehen oder mit dem Vater als Stellvertreter des Patriarchats ‘abzurechnen’. Der häufig afrikanische oder afro-amerikanische Vater ist nicht die Personifikation der privaten und gesellschaftlichen Autorität im klassischen familialen Dreieck mit der geschlechtsspezifischen Verteilung von Macht und Ohnmacht. Er selbst ist aufgrund seiner Hautfarbe mit rassistischen Vorurteilen und Stigmatisierung konfrontiert, und damit kann er nicht Vertreter der gesellschaftlichen Normen und Gesetze einer weißen Mehrheitsgesellschaft sein. Er ist selbst Ohnmächtiger in einem strukturellen Machtverhältnis, d.h. er repräsentiert nicht das Patriarchat schlechthin. Er kann sogar eher eine Identifikationsfigur für die Tochter sein, da er, im Gegensatz zur weißen Mutter, teilweise die gleichen Erfahrungen mit Rassismus und Eurozentrismus macht und zudem für den Teil der kulturellen Herkunft steht, von dem die afro-deutsche Tochter sich mehr Akzeptanz ihrer Person erhofft. Die weiße Mutter ist oft nicht in der Form eine Verbündete oder Bezugsperson wie für weiße Frauen. Ein weiterer Unterschied im Vater-Tochter-Verhältnis ist die Tatsache, daß der Schwarze Vater oft räumlich und nicht nur emotional abwesend ist, d.h. viele afro-deutsche Frauen ihren Vater nicht oder kaum kennen, die Auseinandersetzung mit ihm demnach nicht den Wunsch nach Abgrenzung oder Unabhängigkeit beinhaltet, sondern den Wunsch, ihm und damit dem afrikanischen oder afro-amerikanischen Teil der kulturellen Herkunft näherzukommen. In diesem Fall existiert auch die von Weigel beschriebene *klassische Familienkonstellation* nicht. Autobiographische Texte von afro-deutschen Autorinnen beschäftigen sich viel mehr mit den (Alltags-) Erfahrungen in einer Schwarze Menschen diskriminierenden Außenwelt als mit den alltäglichen Erfahrungen einer weißen Mittelschichtsfrau in der sogenannten Innenwelt. Weigels Ausführungen über weibliche Autobiographien und die literarische Beschäftigung mit dem Vater sind Beispiele für den angesprochenen *weißen Solipsismus*: Ausgehend von einer für universell gültig gehaltenen Patriarchatskritik wird die Entwicklung einer weiblichen Ästhetik angestrebt, die jedoch alle weiteren strukturellen Machtverhältnisse außeracht läßt. Diese unberücksichtigten Ausgrenzungs- und Machtstrukturen, mit denen afrodeutsche und Schwarze deutsche Frauen konfrontiert sind, werden in einer Stellungnahme von Marion Kraft zur politischen Bedeutung der Beschäftigung mit der Literatur Schwarzer Frauen deutlich, die sie mit der Frage einleitet, was es heißt, „als schwarze Frau relativ vereinzelt in einer fast gänzlich weißen Gesellschaft einerseits ständig sichtbar, andererseits völlig unsichtbar zu sein. Sichtbar im Sinne eines immer präsenten Legitimationszwanges der eigenen Existenz, unsichtbar im Sinne einer Vereinnahmung, die – weibliche Gleichheit postulierend – die eigene Existenz ständig in Frage stellt. In diesem Kontext war es für mich – als afro-deutsche Frau – lange Zeit irrelevant, daß Frauen Frauenbilder in der Literatur analysierten, Frauen Spuren der Kreativität von Frauen suchten, Frauen ihre eigene Geschichte rekonstruierten und dabei Geschichte und Literatur zu dekonstruieren beanspruchten – solange dieser Umwälzungsprozeß nur weiße Frauen einzubeziehen schien. Als ob die Geschichte von Frauen und der Kampf der Frauen um ihre Rechte ohne die 'anderen' Frauen überhaupt denkbar wäre." (Kraft 1988; S.140)

Es soll hier nicht darum gehen, das Konzept der feministischen Wissenschaft weißer Frauen gänzlich abzuwerten, sondern darum, bestimmte Analysen als nur für weiße, christlich sozialisierte Mittelstandsfrauen kenntlich zu machen und darüberhinaus die Unterschiede zwischen Frauen herauszustellen. Audre Lorde sagte dazu[18]: „Die Unterlassung akademischer Feministinnen, Unterschied als eine grundlegende Stärke zu erkennen, bedeutet das Versagen, über die erste patriarchale Logik hinauszugehen." (zitiert nach Schultz 1990; S.55)

Die afro-amerikanische Schriftstellerin und Kritikerin Toni Morrison schrieb 1971 über das Ziel Schwarzer Schriftstellerinnen und Autorinnen: „Schwarze Frauen sind verschieden von weißen Frauen, weil sie sich selbst anders sehen, anders gesehen werden und ein anderes Leben geführt haben. Diese Unterschiede zu beschreiben, ist das Ziel sehr vieler Schwarzer Autorinnen und Wissenschaftlerinnen." (Morrison 22.8.1971)

18 Audre Lorde zitiert in: Amos, Valerie/Parmar, Pratibha: Changing imperial feminism, in: Feminist Review 17 (1984).

Beispiel USA: Schwarze feministische Literaturtheorie

Die besondere Bedeutung des *Black Feminist Criticism* ergibt sich zum einen aus der extremen Mißachtung Schwarzer Autorinnen durch die Literaturkritik. Diese Nicht-Beachtung ist noch größer als die Schwarzer Männer oder weißer Frauen und deshalb Ausdruck der mehrfachen Unterdrückung schwarzer Frauen, die in Diskussionen um Schwarze und 'weibliche' Literatur das gleiche Dilemma erfuhren wie in politischen Bewegungen: als mehrfach Betroffene stehen sie zwischen den Problemstellungen und werden in der Spezifik ihrer Unterdrückung ignoriert und damit unsichtbar.

Der zweite Aspekt für die Wichtigkeit des *Black Feminist Criticism* ist die starke Stereotypisierung der Schwarzen Frau in der weißen und auch schwarzen Literatur von Männern. Außer in der schwarzen Frauenliteratur finden Schwarze Frauen nur abwertende Bilder von sich:

„Im Volksmund, der so treffend den sozialen Status eines Menschen in der Gesellschaft beschreibt, werden schwarze Frauen als die 'Maultiere' der Welt bezeichnet, weil die Bürden auf uns geladen wurden, die jeder – wirklich jeder – sonst verweigerte zu tragen. Ebenfalls sind wir Matriarchinnen, Superfrauen, gemeine und böse Schlampen genannt worden. Wenn wir um verständnis baten, wurde unser Charakter verzerrt." (Walker 1974; S.68, übersetzt von d.Verf.)

Der theoretische Ansatz des *Black Feminist Criticism* sieht die Hauptaufgabe im Studium des Selbstbildes schwarzer Frauen und nicht in der retrospektiven Stereotypenkritik. Nach Alice Walker sind die wichtigsten Fragestellungen für die Analyse: die Produktionsbedingungen der Schwarzen Frau als Künstlerin, die Behandlung der Schwarzen Frau durch die Kritik, die Frage des literarischen Erbes Schwarzer Frauen und die Entwicklung von Kriterien zur Beurteilung der Literatur Schwarzer Frauen (vgl. Koenen 1985; S.11). Alice Walkers Defintion des Begriffs Produktionsbedingungen beinhaltet nicht nur die Berücksichtigung der ökonomischen Situation der Künstlerin und der vorhandenen Infrastruktur (Verlags- und Vertriebswesen), sondern auch ihre gesellschaftliche, soziale und psychische Situation.

Black Female Literary Tradition – schwarze feministische Literaturgeschichte

Wenn Marion Kraft in ihrem Aufsatz *Frauen afrikanischer Herkunft: Feministische Kultur und Ethnizität in Amerika und Europa* (1990) feststellt, daß „400 Jahre Sklaverei [...] ein Festhalten an afrikanischer Tradition, die Herausbildung einer spezifischen afro-amerikanischen Kultur und das Hervortreten hervorragender Männer und Frauen im wissenschaftlichen und kulturellen Leben nicht (hatten) verhindern können", ist dies ein Verweis auf das kollektive Trauma der Sklaverei und die dadurch erschwerten Bedingungen für die Entwicklung einer afro-amerikanischen Kulturgeschichte. Darüberhinaus geht es um die Dekonstruktion eines Geschichtsbildes, das der Realität der Afro-AmerikanerInnen nicht entsprach und entspricht.

„Die Geschichte der Afro-AmerikanerInnen, wie sie von Weißen jahrzehntelang an Schulen und Universtäten – wenn überhaupt – vermittelt wurde, ist ein Zerrbild der Realität. Patronen- und matronenhaft wie Harriet Beecher Stowes 'Onkel Toms Hütte', beschönigend, apologetisch wie der lapidare Satz aus einer zehnzeiligen Passage eines deutschen Schulbuchs von 1977 zum Thema 'Negersklaven': 'Die weißen Pflanzer konnten ohne Negersklaven ihre Plantagen nicht bewirtschaften; sie brauchten die Sklaven, aber sie hatten auch Angst vor ihnen'." (Kraft 1990; s.36)

Diese verzerrte Darstellung der Geschichte gilt vor allem für Schwarze Frauen und begründet die Bedeutung einer schwarzen weiblichen Geschichts- und Literaturgeschichtsschreibung. Ich kann mich bei der Darstellung einer schwarzen weiblichen Literaturgeschichte der USA nur auf eine Auswahl von Schriftstellerinnen beschränken. Diese Auswahl ist subjektiv, aber ich habe versucht, mich an Künstlerinnen zu orientieren, die für afro-deutsche Autorinnen Vorbilder oder Identifikationfiguren sind beziehungsweise deren Konzepte und Inhalte für sie Bezugspunkte bilden. Einleitend möchte ich Marion Kraft zitieren, die betont: „[...] vor allem in der Literatur verschafften sich Schwarze Frauen von Anfang an auch in der neuen Welt Gehör." (Kraft 1990; S.36)

Am Anfang einer afro-amerikanischen weiblichen literarischen Tradition, in der explizit oder symbolisch die afrikanische Herkunft und das kollektive Trauma der Sklaverei präsent sind, stand die Lyrikerin Phillis Wheatley. Sie wurde vermutlich als kleines Mädchen aus dem Senegal verschleppt und 1761 von einer weißen Familie, deren Namen sie erhielt, gekauft. Entgegen den Gesetzen lehrte die Familie sie lesen und schreiben. 1770 publizierte sie ihre ersten Gedichte. Nur in wenigen ihrer Werke wird ihre ethnische Zugehörigkeit thematisiert, was u.a. an Wheatleys Erziehung zu weißen Werten und ihrem Aufwachsen in einem weißen gesellschaftlichen Umfeld liegt. In einigen Gedichten finden sich jedoch klare Hinweise auf Afrika, wie zum Beispiel in *On being brought from Africa*, der Versuch, sich auf die eigene kulturelle Herkunft zu beziehen (vgl. Kraft 1990; S.36). Wheatleys Werke wurden lange Zeit von der schwarzen Literaturkritik als unpolitisch mißachtet, da sie Rassismus selten explizit thematisierte. Die Bedeutung der Lyrikerin für zeitgenössische Autorinnen liegt demnach weniger in den Inhalten ihrer Werke als vielmehr in ihren Produktions- und Rezeptionsbedingungen. Am Beispiel Wheatleys wird die Situation der schwarzen Frau deutlich, „die ein künstlerisch-kreatives Potential hat, aber nicht die Möglichkeiten zu dessen Realisierung“. (Koenen 1985; S.21)

Die mangelnden Möglichkeiten zur künstlerischen Produktion „resultieren aus der repressiven gesellschaftlichen Situation und der Zerrissenheit Wheatleys zwischen ihrer ethnischen Zugehörigkeit und ihrer Anpassung an weiße Werte“. (Koenen 1985; S.21)

Nach Alice Walker ist die Tatsache der beschriebenen Zerrissenheit, die sie *contrary instincts* (einander entgegengesetzte Interessen) nennt, Merkmal vieler Werke der – nicht nur afro-amerikanischen – schwarzen Frauenliteratur. In ähnlicher Form sind auch afro-deutsche Frauen mit dem Problem des Zwiespaltes zwischen Integration und Ausgrenzung konfrontiert, was sich aus den Normen und Anforderungen ergibt, die ein mehrheitlich weißes gesellschaftliches Umfeld stellt. Deshalb bieten Schriftstellerinnen wie Phillis Wheatley, hinsichtlich ihrer gesellschaftlichen Situation, eine Identifikationsmöglichkeit für Schwarze deutsche Autorinnen.

Zora Neale Hurston, eine Schriftstellerin und Journalistin der 20er bis 50er Jahre, hat mit ihrem Werk die wichtigsten Impulse für zeitgenössische afro-amerikanische Schriftstellerinnen gegeben.

Hurston's Romane, von denen *Their Eyes Were Watching God* (1937) der bekannteste ist, beschäftigen sich fast ausschließlich mit dem Leben innerhalb der community und dem Verhältnis der Schwarzen untereinander. Die Auseinandersetzungen ihrer ProtagonistInnen laufen mit den Angehörigen der eigenen Gruppe, nicht mit der weißen Welt. Die männliche schwarze Kritik warf ihr deshalb Ignoranz des Rassismusproblems vor und mißachtete ihre Werke als unpolitisch und reaktionär. Alice Walker und Barbara Smith bewerten Hurstons Romane jedoch wegen der kritischen Sichtweise patriarchalischer Beziehungen als sehr politisch, ein Aspekt, der von der männlichen Kritik konsequent übersehen wurde/ wird: „[...] man kann sie nur dann als unpolitisch bezeichnen, wenn die Auswirkungen des Geschlechterverhältnisses völlig ignoriert werden.“ (Smith 1978; S.27; übersetzt v.d.Verf.)

Die Rezeption Hurston's durch schwarze Autorinnen verdeutlicht, warum ihr Werk ein integrierender Identifikationspunkt für jene ist. Die Figur Janies in *Their Eyes Were Watching God* gilt zum Beispiel als eine der ersten positiv und vielschichtig gezeichneten Schwarzen Frauenfiguren und ist damit eines der wenigen identifikationsfähigen Portraits für sie.

Die Bedeutung von Phillis Wheatley und Zora Neale Hurston für die schwarze feministische Literaturgeschichte kann allerdings nicht über die Tatsache hinwegtäuschen, daß schwarze Frauenliteratur vor den 70er Jahren dieses Jahrhunderts allgemein kaum Beachtung fand. Zora Neale Hurston war nur einem kleinen Kreis Interessierter bekannt und wurde von der schwarzen Literaturkritik oft als *minor writer* (minderwertige Schriftstellerin), ohne Bedeutung für die schwarze Literaturgeschichte, abgetan. In den 70er Jahren vollzog sich hinsichtlich des öffentlichen Interesses und der Produktionsbedingungen für schwarze Frauenliteratur eine radikale Wende. Neben der Stärke der Frauenbewegung in den USA und der Entwicklung eines feministischen Standpunktes in der Literaturwissenschaft, lagen die wichtigsten Gründe für ein wachsendes Interesse an schwarzer Frauenliteratur innerhalb der schwarzen Gemeinden, d.h. dem Beginn einer inhaltlichen Schwerpunktsetzung auf die community und der Abkehr vom weißen Amerika. Dieses veränderte Selbstverständnis spiegelt sich auch in der Literatur durch die Konzentration auf Schwarze LeserInnen wider, mit der Begründung, dadurch das schwarze Selbstbild zu stärken. Hinzu kam das Bedürfnis Schwarzer Frauen, sich selbst in der Literatur wiederzufinden und ihre Sichtweise zu vertreten. Neben Mary Helen Washington und Barbara Smith gehören Toni Morrison und Alice Walker zu den bekanntesten Autorinnen und Vertreterinnen der *New Black Renaissance* in den 70er Jahren. Ich beschränke mich jedoch auf die theoretischen Ansätze von Toni Morrison und Alice Walker und deren Kriterien zur Beurteilung schwarzer Frauenliteratur. Ein Grund dafür ist, daß diese beiden Schriftstellerinnen internationale Auszeichnungen erhalten haben und deshalb in der BRD bekannter geworden sind als beispielsweise Mary Helen Washington und Barbara Smith.

Der Begriff *New Black Renaissance* nimmt auf die *Harlem Renaissance* der 20er Jahre Bezug, in denen schon einmal verstärkt ein literarisches bzw. künstlerisches Selbstverständnis Schwarzer Menschen entwickelt und das Leben im schwarzen Ghetto thematisiert wurde. Im Unterschied zur Literatur Schwarzer Männer, liegt die Besonderheit der Literatur Schwarzer Frauen allerdings darin, daß der Inhalt der Romane vorrangig auf dem Land, vorzugsweise im Süden angesiedelt ist. Das gilt sowohl für die *Harlem Renaissance* als auch für die *New Black Renaissance* der 70er Jahre.

Toni Morrison hat Richtlinien zur Kritik und Analyse schwarzer Frauenliteratur aufgestellt, die zum Teil auch für die Rezeption und Analyse afro-deutscher Frauenliteratur von Bedeutung sind. In einem Interview sagte sie: „Es interessierte mich sehr, wie sich zeitgenössische schwarze Frauen mit dem Stereotyp von schwarzen Frauen auseinandersetzten. Akzeptierten sie diese Rolle? Glaubten die Autoren der Werke, die wir untersuchten, daß viel von dem, wie wir dargestellt wurden, stimmte? Waren diese Charaktere repräsentativ für die 'Mammy', die Hure oder was auch immer? Wie politisch waren sie? Wie war die Wahrnehmung von ihrer Rolle, wie sahen sie sich selbst wirklich?“ (Stepto 1979; S.225, übersetzt v.d.Verf.)

Übergeordnetes Thema in Morrison's Büchern ist die Suche der Schwarzen Frau nach einer Identität. Sie hat sechs Romane veröffentlicht, die es alle auch in der deutschen Übersetzung gibt. Ihre Idealvorstellung von der *Black Community* ist die eines selbstverständlichen, natürlich gewachsenen sozialen Zusammenhangs, der Institutionen ersetzt beziehungsweise überflüssig macht. Auffällig ist ihr Gefühl für schwarze Sprache (das umgangssprachliche Englisch der Afro-AmerikamerInnen, v.a. der in Communities Lebenden, unterscheidet sich von dem der weißen AmerikanerInnen in Aussprache, Klang und Formulierungen. Als Beispiel sei auf die Texte der RapperInnen verwiesen) und ihr Gespür für unverstellte Dialoge. Anne Koenen führt dies auf den bedeutenden Einfluß der mündlichen Erzähltradition (*oral tradition*) zurück.

Alice Walker hat eine sehr umfassende Theorie des *Black Feminist Criticism* entwickelt. Die Hauptpunkte ihrer Analyse wurden bereits umrissen. Alice Walker plädiert für einen nicht-elitären Kunstbegriff, der ihrer Ansicht nach v.a. für die schwarze Kultur auf der Suche nach einem Erbe wichtig ist. Sie hat einen historischen Ansatz mit drei Entwicklungskategorien, bezogen auf den Unterdrückungs- und Emanzipationsgrad Schwarzer Frauen in der Geschichte bzw. Literaturgeschichte, entwickelt. Sie unterscheidet die *suspended*, *assimilated* und *emergent woman*. Unter der ersten Kategorie versteht sie Frauen, die von Rassismus und Sexismus derart unterdrückt sind, daß sie oft psychisch und physisch zerstört werden. Die zweite Kategorie, die der *assimilated women*, wird von Frauen gebildet, die zwar physisch nicht mehr unterdrückt werden und nicht mehr ums nackte Überleben kämpfen müssen, jedoch psychisch durch den Rassismus verkrüppelt sind. Darunter fallen Frauen, die sich weitgehend in die weiße Gesellschaft integriert und deren Normen und Werte verinnerlicht haben. Die *emergent women* schließlich sind Frauen, denen die politischen Bewegungen der 60er Jahre neue Lebensmöglichkeiten eröffnet haben und die sich auf die Suche nach ihren Wurzeln und Traditionen begeben. (vgl. Koenen 1985; S.12-13)

Als Wurzeln ihrer Arbeit[19] nennt Alice Walker, wie viele schwarze SchriftstellerInnen, den Bezug zur schwarzen *Folk Culture*, welche die Musik, die (Alltags- und Gebrauchs-) Kunst und die mündliche Erzähltradition der afro-amerikanischen Bevölkerung beinhaltet. Walker aktualisiert die traditionellen Geschichten der *Folk Culture* durch psycho-

---

19 Zu Walkers Romanen gehören *The Third Life of Grange Copeland* (New-York/London 1970); *In Love and Trouble* (New-York/London 1973); *Meridian* (New-York/London 1976); *The Color Purple* (New-York/London 1982).

analytische Deutungen der von Mythen, Träumen und Legenden durchzogenen Erzählungen. Der Bezug auf indianische Mythen, wie in *Meridian* (1976), korrespondiert mit dem Bezug auf afrikanische Mythen, wie bei *In Love and Trouble* (1973), und zeigt Walkers Selbstverständnis als Schriftstellerin der 'Dritten Welt' und die Solidarität der Unterdrückten. Die Geschichten sind oft nicht chronologisch erzählt und haben eine komplexe Struktur durch die Verwendung von mythischen Elementen und dem Einfügen kurzer Episoden von Frauenschicksalen, wie in *Meridian*. Die nicht-chronologische Erzählform und die Verwebung mehrerer Erzählebenen zeigt Parallellen zu den Schreibweisen weißer Autorinnen, die dem Konzept der *weiblichen Ästhetik* westlich geprägter Literaturtheoretikerinnen folgen.

Audre Lorde ist in der BRD zur Zeit die populärste zeitgenössische afro-amerikanische Schriftstellerin. Die inzwischen verstorbene Künstlerin und Theoretikerin spielte für die Prägung des Bewußtseins afrodeutscher Frauen und Autorinnen eine Schlüsselrolle. 1984 leitete sie im Rahmen einer Gastprofessur in Berlin einen dreimonatigen Workshop über Dichtung und ein Seminar über Schwarze amerikanische Schriftstellerinnen. Gemeinsam mit Audre Lorde wurde dabei der Begriff Afro-Deutsch entwickelt, in Anlehnung an Afro-Amerikanisch, als Ausdruck der kulturellen Herkunft. Audre Lorde vertrat eine Auffassung von Literatur, die einen nicht-elitären Kunstbegriff beeinhaltet, und sah die wichtigste Funktion von Dichtung für Schwarze Frauen darin, positive Überlebensstrategie zu sein.

„Für Frauen ist Dichten [...] kein Luxus. Es ist eine Überlebensnotwendigkeit [...]. Es bestimmt die Qualität des Lichts, in dem wir unsere Hoffnungen und Träume vom Überleben und von der Veränderung behaupten, um sie zunächst in Sprache, dann in Konzepte und schließlich in handfestere Taten zu verwandeln. Durch unsere Gedichte tragen wir dazu bei, das Namenlose zu benennen, so daß es denkbar wird. Die äußersten Horizonte unserer Hoffnungen und Ängste sind mit Gedichten gepflastert – mit unseren, aus dem Fels alltäglicher Lebenserfahrung gehauenen Gedichten." (Lorde 1993; S.89)

In ihren Werken thematisierte Audre Lorde immer wieder ihre Situation als Schwarze und als Lesbe und hat durch ihr *Auf Leben und Tod. Krebstagebuch* (1985) mit dem Tabu dieser Krankheit gebrochen, indem sie die Stadien des Krebses an ihrem Körper und ihrer Psyche beschrieb.

Im allgemeinen fällt auch in Lordes Texten der Bezug zu afrikanischen Mythen und Legenden auf. Ihre Lebensgeschichte mit dem Titel *Zami* (1986) nennt sie deshalb bezeichnenderweise nicht Autobiographie sondern *Eine Mythobiographie.*

Wie bereits angesprochen, ist erst seit Mitte der 70er Jahre verstärkt an einer Literaturgeschichtsschreibung Schwarzer Frauen gearbeitet worden. Schriftstellerinnen und Vertreterinnen des *Black Feminist Criticism* – vor allem Alice Walker – begannen sich um eine *Black Female Literary Tradition* zu bemühen, um ihre Literatur in einen literaturgeschichtlichen Zusammenhang zu stellen. Laut Anne Koenen sind zwei Aspekte für die Frage einer *Black Female Literary Tradition* wichtig:

„Das Bedürfnis der Künstlerin nach literarischen Vorbildern und ihre Suche danach – wie Alice Walkers Bemühen um Zora Neale Hurstons Erbe – und die Untersuchung zentraler Themen – wie Bilder von Frauen –, deren Entwicklung und Bezogenheit aufeinander, ihr Dialog in der Literatur schwarzer Frauen." (Koenen 1985; S.16)

Alice Walker sieht in der Vorenthaltung des literarischen Erbes ein Mittel zur Unterdrückung der schwarzen Frauenliteratur. „Die Abwesenheit von Vorbildern in der Literatur wie im Leben [...] ist ein Berufsrisiko für den Künstler, einfach weil Vorbilder in der Kunst, im Verhalten, in der Entwicklung von Geist und Intellekt – auch wenn sie abgelehnt werden – die Sicht auf das Leben erweitern und bereichern. Noch tödlicher ist für den Künstler, dem Vorbilder fehlen, der Fluch der Lächerlichkeit, der durch den Vorrat an Unwissenheit bedingt ist." (Walker 1983; S.4, übersetzt v.d.Verf.)

Diese Feststellung ist für Walker eine weitere Antriebskraft für die Suche nach schwarzen Künstlerinnen in der Vergangenheit.

Entscheidend für das Verständnis der Bilder von Frausein ist die Analyse des Bildes von Sexualität und Körperlichkeit und die immer wiederkehrende Auseinandersetzung mit gesellschaftlich vermittelten, traditionellen Vorstellungen davon, wie Frauen leben und welche Rolle sie einnehmen und erfüllen sollen. Koenen faßt die Forderungen schwarzer feministischer Kritikerinnen an die Literaturgeschichtsschreibung zusammen: „Die Vertreterinnen des Black Feminist Critism fordern, daß die Anknüpfung an die Literatur von Hurston und anderen Autorinnen nicht zitathaft und unkritisch sein soll, sondern die Werte, die das literarische Erbe vermittelt, auf ihre Validität für schwarze Frauen heute überprüfen und thematische Ansätze aufgreifen und weiterentwickeln soll. Darüberhinaus ist die Möglichkeit, in der Literatur positive Identifikationsangebote durch komplex gezeichnete Bilder von schwarzen Frauen zu finden, eine zusätzliche Motivation." (Koenen 1985; S.17)

Das verweist auf einen Mangel an Identifikationsangeboten für Schwarze Frauen in der Literatur des literarisch etablierten Kanons. Diesen Mangel bestätigt auch Toni Morrison. In einem 1980 geführten Gespräch mit Anne Koenen gibt sie als Motivation für das Schreiben von Sula an, daß sie in der Literatur keine Beispiele von Frauenfreundschaften finden konnte. (vgl. Koenen 1985; S.17)

Im Kontext der Suche nach Identifikationsfiguren spielt Zora Neale Hurston für Schwarze zeitgenössische Schriftstellerinnen eine bedeutende Rolle: „Häufigster Bezugspunkt im Beleben bzw. Entdecken einer Tradition ist das Werk Hurstons, das fast alle schwarzen Autorinnen als Vorbild angeben. Der Weg zu ihrer Wertschätzung führte für die meisten von ihnen über eine Phase des Entdeckens der schwarzen Literatur, mit der sie sich als Schwarze identifizieren konnten, zum Erwachen ihres Bewußtseins als Frauen und damit zur Suche nach Vorbildern wie Hurston." (Koenen 1985; S.18)

Bemerkenswerter Weise stellen viele Autorinnen auf die Frage nach ihren literarischen Vorbildern oder Einflüssen fest, daß die mündliche Erzähltradition – die Oral Tradition – sie mehr geprägt habe als die niedergeschriebene Literatur. Am häufigsten werden die Erzählungen der eigenen Mutter als einflußgebend genannt. „Durch die enge kreative Verbundenheit mit der Mutter und dem Verhaftetsein in der mündlichen Tradition stehen die Schriftstellerinnen innerhalb der schwarzen Folk Culture und einer eigenen afro-amerikanischen Kultur." (Koenen 1985; S.18)

Die mündliche Tradition des Geschichten-, Mythen-, Märchen- und Legenden-Erzählens gilt gemeinhin als 'weibliche' Kulturform, mit deren Hilfe Wissen weitergegeben wird. Die herrschende Geschichtsschreibung erkennt diese Form jedoch nicht als Kunst- oder Kulturleistung an.

Schwarzes Bewußtsein und weibliche Ästhetik

Im Zentrum der Literatur afro-amerikanischer Schriftstellerinnen steht die Suche nach einer Identität, im Sinne von komplexen, selbstbestimmten und an der Realität orientierten Eigenbildern. Das gilt zwar auch allgemein für die afro-amerikanische Literatur, erfährt jedoch durch die zusätzlichen Identitätsprobleme als Frau eine spezifische Ausprägung. Im Unterschied zur Literatur Schwarzer Männer ist die Auseinandersetzung mit der weißen Gesellschaft, d.h. dem Rassismus und der Vermittlung von ausschließlich negativen Identifikationsmodellen und abwertenden Stereotypen für Schwarze Menschen, weniger Thema. In den Werken der Schriftstellerinnen bildet die *Black Community* – d.h. die Kommunikation und die Beziehungen innerhalb dieser Strukturen – den primären Bezugsrahmen der Auseinandersetzung. Eine der Hauptfragestellungen ist, wie gesellschaftlich vermittelte Stereotypen die Beziehungen zwischen Schwarzen belasten.

Der auffälligste Unterschied zwischen der Literatur Schwarzer Männer und Frauen ist jedoch das Bild, das von der Schwarzen Frau gezeichnet wird. Verallgemeinernd läßt sich sagen, daß Schwarze Frauen in vielen Werken Schwarzer Männer einseitig und sexistisch dargestellt und auf die alleinige Funktion festgelegt werden, dem Helden bei seiner Identitätsbildung und Eigendefinition zu helfen. Als eigenständige Persönlichkeiten bleiben sie nebensächlich und auf ihre Beziehung zum Mann reduziert. (vgl. Koenen 1985; S.20)

Nur in der Literatur Schwarzer Frauen stehen sie selbst als gesellschaftliche Gruppe im Mittelpunkt und sind als komplexe Persönlichkeiten beschrieben, nur hier sind realitätsgetreue Bilder Schwarzer Frauen zu finden. Mary Helen Washington sieht deshalb die zeitgenössische schwarze Frauenliteratur als Voraussetzung „für zukünftige Generationen von schwarzen Frauen, die nicht in rassistischer und sexistischer Unterdrückung gefangen sein werden." (Washington 1977; S.38, übersetzt v.d.Verf.).

Die Entwicklung 'positiver' Eigenbilder ist deshalb für Schwarze Schriftstellerinnen als Mittel zur Zerstörung alter Stereotypen von grundlegender Bedeutung. „Das Schaffen positiver Selbstbilder im Sinne von authentischen und komplexen Bildern wird übereinstimmend von schwarzen Frauen als Hauptanliegen der Literatur schwarzer Frauen genannt, die Entwicklung von Identifikationsfiguren als ihre wesentliche Errungenschaft angesehen." (Koenen 1985; S.45)

Hinsichtlich der Bekämpfung literarischer Stereotypen fordern Vertreterinnen des *Black Feminist Criticism*, wie Mary Helen Washington, ein dem Stereotyp gegenübergestelltes 'positive image'. Dies solle jedoch nicht durch die ausschließliche Beschreibung positiver Eigenschaften und das Unterdrücken negativer Aspekte erreicht werden, was schnell zu Lasten der Komplexität und Glaubwürdigkeit der Charaktere gehen und die Gefahr einer erneuten Stereotypisierung mit sich bringen könne. Zudem zeige sich, wenn der Sinn von literarischen Charakterdarstellungen nur auf die Negativ-Abgrenzung von jeglichen Stereotypen beschränkt bliebe, weiterhin eine Verhaftung und Abarbeitung an alten Werten. (vgl. Koenen 1985; S.7-8)

Schwarze Autorinnen und Kritikerinnen verstehen unter 'positiven' Eigenbildern (positive images) die komplexe und individuelle Zeichnung von Charakteren und die Abkehr von flachen, festgefügten Stereotypen, ohne ihr ängstliches Vermeiden oder die totale Abkehr von dem, wofür sie standen. Das heißt konkret: Die Überwindung der Beschränkung Schwarzer Frauen auf Bilder wie *mammy*. Ein sehr bekanntes Beispiel für das Bild der *mammy* ist die Schwarze Haushälterin *Prissy* in dem Filmklassiker *Vom Winde verweht.* Sie wird als geschlechtslose, immer gut gelaunte, gutmütige Bedienstete und Amme gezeigt, als 'Übermutter', die an nichts anderes denkt als an das Wohlergehen ihrer Zöglinge. Andere weitverbreitete Stereotype sind die des *tragic mulatto* (tragische Mulattin), *matriarch* (Matriarchin), *bitch* (Schlampe) oder *whore* (Hure). Zu dem Anspruch, diese Stereotype zu zerschlagen, kommt die Weigerung, das Bild der schwarzen Frau monolithisch zu zeichnen. Toni Morrison nennt die monolithische Zeichnung *dangerous misconception*, ein gefährliches Mißverständnis. Unter 'positiv' wird demzufolge 'nicht-stereotyp' verstanden, d.h. im Gegensatz zu jeder

Form der Stereotypisierung, sollen Widersprüchlichkeiten und Ambivalenzen zugelassen werden.

Von 'positiven' Eigenbildern werden Aufschlüsse über die eigene – nicht von rassistischen oder sexistischen Mythen verzerrte – Vergangenheit bzw. Realität und das Aufzeigen von Möglichkeiten der Identitätsfindung und Realitätsbewältigung jenseits der vorgegebenen einengenden Rollen, erwartet.

Eine häufig zitierte Aussage von Toni Morrison weist auf die Identitätssuche Schwarzer Frauen hin, die sich bemühen, komplexe, selbstbestimmte Selbstbilder jenseits von Stereotypen zu finden:

„Und sie hatte nichts, worauf sie sich berufen konnte: Sie war nicht männlich, nicht weiß, nicht Dame, sie war nichts. Und aus dem tiefen Elend ihrer Wirklichkeit heraus, muß sie sich selbst erschaffen haben.“ (Morrison 1971; S.73, übersetzt v.d.Verf.)

Anne Koenen stellt im Zusammenhang mit diesem Zitat die Behauptung auf, daß das Fehlen positiver Bilder in der Gesellschaft nicht nur negativ zu beurteilen ist, sondern auch als Gelegenheit gesehen werden kann, „unbeeinflußt von gesellschaftlichen Definitionen ein Eigenbild zu schaffen“ (Koenen 1985; S.45). Ich halte eine solche Auslegung des Zitats für verklärend. Zum einen existiert eine gesellschaftliche Definition von Schwarzen Frauen, was sich an der Vielzahl der Stereotypen – negativer oder idealisierender Art – zeigt. Diese Stereotypen hemmen die Entwicklung realer, komplexer Selbstbilder. Die Aufzählung von 'nicht männlich', 'nicht weiß', 'nicht Dame' weist auf den Mangel von mehreren gesellschaftlichen Privilegien hin, nicht auf den Mangel von gesellschaftlichen Definitionen. Dieser Mangel ist eine weitere Ursache für die Schwierigkeit, positive Eigenbilder zu entwickeln. Die mit dem Mangel an gesellschaftlichen Pivilegien verbundene mehrfache Unterdrückungssituation, in der sich Schwarze Frauen befinden, als 'Gelegenheit' zu deuten, verstellt den Blick auf die Kraft, die Schwarze Frauen aufbringen, um sich von – häufig internalisierten – Stereotypen und abwertenden Fremdbildern zu lösen. Als drittes stellt sich die Frage, ob es überhaupt möglich ist, losgelöst jenseits von gesellschaftlichen Definitionen und Fremdbildern ein selbstbestimmtes Eigenbild zu schaffen. Dies würde die Existenz eines 'authentischen Ich's' vorraussetzen, welches lediglich unter gesellschaftlichen Zuschreibungen, Stereotypen und Definitionen 'begraben' liegt, und das es 'auszugraben' gilt. Dieses 'authentische Ich' gibt es m.E. nicht.

Den hohen Stellenwert 'positiver' Eigenbilder für das Selbstverständnis der schwarzen Frauenliteratur formulieren die Herausgeberinnen der Anthologie *Sturdy Black Bridges* in der Einleitung. Sie schreiben, daß der einzige Weg, *undesirable/unlifelike images* (Bell u.a. 1979; S.4), d.h. unerwünschte und realitätsferne Bilder, zu ändern, darin besteht, daß schwarze Frauen über sich selbst schreiben. Mit diesem Eigenanspruch der schwarzen Frauenliteratur wird, anhand der Kriterien des *Black Feminist Criticism*, die Auseinandersetzung mit den verschiedenen Facetten des Selbstbildes Schwarzer Frauen geführt. Zu diesen Facetten gehören biologisch vermittelte Rollen, wie die Festlegung auf Mutterschaft und sozio-kulturelle Rollen. Dabei geht es, neben der Entwicklung von komplexen und realitätsorientierten Bildern, um die Schaffung von zukunftsweisenden Identifikationsmöglichkeiten und die Vermittlung von politischem Bewußtsein über die Unterdrükkung Schwarzer Frauen.

Anne Koenen hat die Literatur von Toni Morrison, Alice Walker, Toni Cade Bambara und Gayl Jones hinsichtlich der Entwicklung selbstbestimmter Identität, positiver Selbstbilder und Lebenschancen untersucht. Sie kommt zu dem Schluß, daß in den Werken schwarzer Schrifstellerinnen „der Prozeß der Entwicklung positiver Eigenbilder wichtiger (ist) als die Aufstellung eines Modells, da die Suche nach einer nicht-fremdbestimmten Identität sich durch die ständige Auseinandersetzung mit historisch vermittelten Stereotypen über schwarze Frauen als schwierig erweist [...] Beeindruckend ist aber gerade diese Vielfalt der Frauenbilder in der Literatur schwarzer Frauen.“ (Koenen 1985; S.220)

Als Beispiel für die genannten Schwierigkeiten führt Koenen die unterschiedlichen Sichtweisen der Autorinnen bezüglich der Bewertung 'weiblicher' Eigenschaften an. Alice Walker beispielsweise strebt die Überwindung der Definition von 'weiblichen' und 'männlichen' Eigenschaften und Rollenzuweisungen an. Toni Morrison dagegen bezweifelt eine bestimmte Anzahl von Zuschreibungen nicht. Sie strebt nicht nach der Überwindung der kausalen Verknüpfung bestimmter Attribute mit Geschlecht, sondern sieht bestimmte Eigenschaften von Frauen als genuin geschlechtsspezifisch und nicht als gesellschaftlich vermittelt. Morrison fordert nicht die Annäherung der Geschlechter, sondern die Aufhebung der Defintion weiblicher Eigenschaften als minderwertig. Koenen stellt weiter fest:

„Alle Autorinnen sind feministisch in dem grundsätzlichen Verständnis, daß die Selbstverwirklichung der schwarzen Frau nur in einer egalitären, nicht-patriarchalischen Gesellschaft möglich ist [...] die Schwierigkeiten, die schwarze Frauen bei der Befreiung von Fremdbestimmung überwinden müssen, sind zu einem großen Teil frauenspezifische Probleme: Sexualität, Mutterschaft und Dominanzansprüche des Mannes stehen auch im Zentrum der zeitgenössischen Literatur weißer Frauen. Die Unterschiede, die darüber hinaus bestehen, zeigen nicht nur eine größere Belastung der schwarzen Frau durch rassistische Unterdrückung, wie beim Kampf gegen Stereotype rassistischen Ursprungs und der Konfrontation mit dem weißen Schönheitideal. Schwarze Frauen haben, in der Konfrontation mit diesen Problemen, positive Überlebensstrategien und Stärken entwickelt." (Koenen 1985; S.220)

Zu diesen positiven Überlebensstrategien und Stärken zählen Solidarität unter Frauen, Unabhängigkeit durch Berufstätigkeit und die Suche nach einer eigenen Definition innerhalb der afro-amerikanischen Tradition und Kultur, begründet durch den Zwang, den die extreme Stereotypisierung ausgeübt hat.

Neben der Entwicklung positiver Eigenbilder ist die nicht-elitäre Auffassung von Kunst eines der wichtigsten Merkmale schwarzer Frauenliteratur. An dieser Stelle möchte ich kurz auf die Grundzüge des traditionellen westlich geprägten Kunstbegriffes eingehen, um die Unterschiede zwischen einem elitären (westlich-patriarchal geprägten) und nicht-elitären bzw. egalitären Kunstbegriff – vertreten von z.B. Schwarzen Künstlerinnen – zu verdeutlichen. Die westlich geprägte, traditionelle Konzeption von Kunst sieht das Kunstwerk als 'autonomes Objekt', als Eigentum des Künstlers oder der Künstlerin. Kriterien zur Beurteilung von Kunst sind Außergewöhnlichkeit und Exzentrik. Für die oder den Kunstschaffende/n bedeutet Kunst oft eine Flucht vor der Realität. Die Entwicklung eines Kunstwerkes folgt bestimmten, für objektiv erachteten Ideen und Vorstellungen. Das Kunstwerk bildet eine von der Realität unabhängige, zeitlich und räumlich in sich geschlossene ästhetische Einheit. Die Beteiligung des/der Rezipienten/in ist kein Kriterium für die Entwicklung eines Kunstwerkes. Bezeichnend für den westlich-patriarchal geprägten Kunstbegriff ist weiterhin die Trennung verschiedener künstlerischer Ausdrucksformen (Malerei, Literatur, Musik, Bildhauerei usw.) und die Einteilung von Kunst in bestimmte Genres. Natürlich gab und gibt es in der europäischen Kunst- und Literaturgeschichte immer wieder auch andere Ansätze. Beispiele sind Dada, Surrealismus und die, in diesem Zusammenhang besonders hervorzuhebende, Theorie der feministischen bzw. 'weiblichen' Ästhetik, welche die Entprofessionalisierung von Kunst, die Überwindung der Genremuster und die Verbindung von Leben und kreativem Schaffen anstrebt. In Bezug auf die Entwicklung einer schwarzen feministischen Ästhetik hat sich v.a. Alice Walker immer wieder zum egalitären Begriff von Kreativität geäußert. Sie sieht Kreativität nicht als Begabung einiger weniger, sondern als potentiell in jeder Frau vorhanden, wobei sich nur die Ausdrucksmöglichkeiten, die von den sozialen Umständen der Frauen diktiert werden, unterscheiden. Dieses Kunstverständnis wird in der Rede, die Adrienne Rich, Alice Walker und Audre Lorde gemeinsam anläßlich der Verleihung des National Book Award hielten, verdeutlicht:

„Wir [...] nehmen zusammen diesen Preis im Namen aller Frauen an, deren Stimmen bis heute in der patriarchalen Welt unerhört geblieben sind und im Namen derer, die, wie wir, als geschenkte Frauen in dieser Kultur 'toleriert' werden [...] Wir widmen dieses Ereignis dem Kampf um die Selbstbestimmung aller Frauen, egal welcher Hautfarbe sie sind, womit sie sich identifizieren und aus welcher Klasse sie stammen: der Dichterin, der Hausfrau, der Lesbe, der Mathematikerin, der Mutter, der Tellerwäscherin [...], den Frauen, die verstehen, was wir hier tun und denen, die es noch nicht verstehen, den schweigenden Frauen, deren Stimmen uns vorenthalten wurden und den sprechenden Frauen, die uns für unsere Arbeit Kraft gegeben haben.“ (vgl. Showalter 1978; S.315, übersetzt v.d.Verf.)

Dies ist ein Kunstverständnis, das sich aus der historischen, unterdrückten Position Schwarzer Frauen begründet. Die Benachteiligung Schwarzer Frauen – in der Vergangenheit noch extremer – führte zu ihrem weitgehenden Ausschluß aus der Kunstsphäre. Dieser Aussschluß einer Gruppe ist zwar nicht einzigartig und wird auch in der feministischen Literaturwissenschaft und -kritik für weiße Frauen beschrieben, aber in seiner Radikalität exemplarisch – deshalb findet in dieser Frage auch eine verstärkte kritische Auseinandersetzung mit der weißen feministischen Literaturwissenschaft statt. Zwar hatten auch Angehörige der niederen Klassen im allgemeinen von jeher weder die ökonomischen Möglichkeiten noch die technischen Fertigkeiten, ihre Kreativität in Form von Kunst auszudrücken, aber die Lage der Schwarzen Frau vereinte alle Hindernisse in sich: mangelnde Ausbildung, Analphabetismus und Armut. Ihr ästhetisches Bedürfnis wurde in sogenannte vorästhetische Räume abgedrängt, d.h. es manifestierte sich im Alltag und nicht in der etablierten Kunstsphäre: „[...] hinter der Stille, wo das Leben niemals aufgeschrieben wurde, stehen [...] die kaum gebildeten, die ungebildeten Frauen. Ihr Schweigen ist das Schweigen durch Jahrhunderte, über ihr Leben [...]. Sicherlich finden sich Spuren ihres Schaffens im Folksong, im Wiegenlied, im Märchen, in der Sprache selbst, den Witzen, Maximen und dem Aberglauben. Aber wir wissen nichts über die Schöpferinnen und ihr Leben." (Olsen 1978; S.10)

Alice Walker greift das Thema der Schwarzen Frau als (unterdrückter) Künstlerin in ihrem *In Search of Our Mothers' Gardens* auf. Sie führt aus, daß die Suche der Schwarzen nach einem kulturellen Erbe sich nicht auf Manifestationen der Hochkultur beschränken darf, sondern die *Folk Culture* und andere Zeugnisse von Kreativität – im Sinne des Durchbrechens der zitierten *silences* – beachten muß. Walker bezieht die Thesen von Virginia Woolfs *A Room of One's Own* (Ein Zimmer für sich allein, 1928) auf Schwarze Frauen und zeigt damit die Unmöglichkeit, unter extrem repressiven Bedingungen künstlerisch tätig zu werden. Die Kreativität Schwarzer Frauen konnte sich nicht in 'anerkannter' Kunst ausdrücken – Lesen und Schreiben beispielsweise war ihnen lange Zeit verboten – und fand oft, zum psychischen Nachteil der Frauen, keinen Ausdruck. Wenn überhaupt, konnten sie ihre Kreativität in der *Folk Culture* ausdrücken. Demzufolge finden sich Formen der Kreativität Schwarzer Frauen in Bereichen, die unmittelbar zugänglich, alltäglich sind. Dazu gehört z.B. das Anfertigen kunstvoller Teppiche und Decken (Quilts), das Anlegen farblich abgestimmter

Blumenbeete und das Erzählen von Kindergeschichten für Kinder. Walker stellt in *In Love and Trouble* weiterhin die These auf, daß die Form der Kreativität von äußeren Faktoren abhängt, daß ohne Selbstwertgefühl auch bei günstigen ökonomischen Bedingungen künstlerische Arbeit nicht möglich ist.

Ebenso wie in der (weißen) feministischen Literatur, haben Mythen und Legenden auch in der schwarzen Frauenliteratur die Bedeutung der Spurensuche nach weiblichen Kulturformen. Da die (Kultur-) Geschichte Afrikas und die Schwarzer Menschen im kolonialistischen Diskurs verzerrt oder verschwiegen wurden, haben afrikanische Mythen und Legenden für die Literatur Schwarzer Frauen eine mehrfache Funktion.

„Die Geschichten und Legenden von afrikanischen Königinnen, Kriegerinnen und Staatsbegründerinnen sind bei Schwarzen, auch außerhalb des afrikanischen Kontinents, ebenso bis in die Gegenwart lebendig wie die Namen und Mythen von alten Gottheiten. Yemanjá, Ojo, Afrekete, Mawulisa sind Göttinnen der Ewe und Yoruba und verweisen auf die Reiche von Dahomey und Benin, deren Geschichte und Kultur bis in die Antike zurückreicht. Viele dieser Mythen und Legenden haben sich durch mündliche Überlieferung in der Karibik und auf dem nordamerikanischen Kontinent erhalten und finden sich noch heute in unterschiedlicher Form in der Lyrik und den Erzählungen afroamerikanischer Autorinnen." (Kraft 1990 S.32)

Die Verarbeitung von afrikanischen Mythen und Legenden in der Literatur Schwarzer Frauen hat die Funktion identitätsfördernde Bezugspunkte, Identifikationsfiguren und verdrängte kulturelle Ausdrucksformen zu finden. Gerade die Frauen haben durch mündliche Überlieferung (*oral tradition*) die afrikanischen Mythen und Legenden und somit Lebensweisen weitergegeben.

„Schwarze Frauen haben ihre Geschichte und die ihres Volkes bewahrt, verteidigt und zu den Ursprüngen zurückverfolgt." (Kraft 1990; S.36) Diese Ursprünge liegen in Afrika, in seiner Geschichte, aber auch in den „Mythen, Legenden und Religionen, auf der Suche nach der wahren Natur uralter weiblicher Macht." (Lorde 1988; S.14)

Lorde unterscheidet *lineare Macht*, d.h. Macht über Andere, von *weiblicher Macht* und meint damit die Macht über das eigene Leben und das Bewußtsein über die Bedeutung, von Frau-Sein oder Schwarz-Sein und über die eigene Geschichte. Der Rückbezug auf Mythen hat nicht den Sinn, längst vergangene Zeiten zu idealisieren, sondern die Mythen in die Gegenwart einzubinden, aus ihnen zu lernen und das herrschende Geschichtsbild zu dekonstruieren. Die Aneignung des Wissens über die eigene, von der herrschenden Geschichtsschreibung ausgeschlossenen Geschichte ist ein wichtiger Prozeß zur *Entkolonialisierung des Subjekts*. (vgl. Huntley 1996; S.143ff.)

Im Gegensatz zur afro-amerikanischen Frauenliteratur ist der Bezug von afro-deutschen Autorinnen auf afrikanische Mythen und Legenden selten. Ein Grund dafür kann das Fehlen einer mündlichen Erzähltradition, wie die innerhalb der afro-amerikanischen Folk-Culture, sein. Ein direkter Verweis auf die afrikanische Mythologie ist in der mir zugänglichen Literatur nur einmal, in dem Gedicht *Afrekete* von May Ayim, aufgetaucht. Die Bedeutung der *Afrekete* in der afrikanischen Mythologie wird im Glossar von *blues in schwarz-weiß* beschrieben: „Afrekete bezeichnet hier die westafrikanische Gottheit Eshu (Exu) oder Elegba (Legba), die doppelgeschlechtliche Trickster-Gottheit, Verwandlungs- und Sprachkünstlerin, die die Zeichen und Gesetze der Schöpferin der Welt, Mawu-Lisa, übersetzt. Mawu verkörpert das weibliche und Lisa das männliche Prinzip." (Ayim 1995; S.131)

Trickster ist eine mythologische Figur, die weltweit in vielen mündlichen Kulturen von Bedeutung ist. Sie gilt als ambivalente Gestalt, kreativ und zerstörerisch zugleich. Mit der Gestalt der Trickster wird jedoch auch eine enorme Überlebenskraft assoziiert. (vgl. Huntley 1996; S.103)

Als Trickster-Gottheit stellt die Afrekete mit ihrer Fähigkeit, sich zu verwandeln, in positivem Sinne ein Symbol für das Spiel mit verschiedenen Identitäten oder Masken dar. Sie kann diesbezüglich für afro-deutsche Frauen eine Identifikationsfigur sein, weil das Gespaltensein zwischen den Zuschreibungen an schwarze und weiße Identitäten zu deren grundlegenden Erfahrungen gehört. Das Spiel mit verschiedenen Identitäten, das ständige Sich-Verwandeln der Afrekete, entlarvt diese Zuschreibungen als Identitätsmasken, als beliebig austauschbar, als Konstrukte. Darüberhinaus bietet die Afrekete durch die künstlerische Verwendung von Sprache, die sie dazu nutzt, die *Zeichen und Gesetze der Welt* zu übersetzen, sie verständlich und zugänglich zu machen, eine Identifikationsmöglichkeit für Schriftstellerinnen.

Thematisiert wird in May Ayims *Afrekete* eine Art zaghafter Kontaktaufnahme mit der westafrikanischen Gottheit, wobei unklar bleibt, um welche Wahrnehmungsebene es sich bei der Autorin in bezug auf die mythische Gestalt handelt, ob es ein Traum, eine Phantasie oder ein Wunsch ist:

„[...]
du hast mich
einmal angelächelt
weißt du noch
und meine hand gehalten
braun wie deine
du kamst ein bißchen
näher

ich wüßte gerne
ob du
bleiben wolltest"
(Ayim 1995; S.40)

Das Gedicht wirkt wie der Versuch einer vorsichtigen Beschäftigung mit der afrikanischen Mythologie und den Anteilen der eigenen – afrikanischen -kulturellen Herkunft.

Kapitel III
Das Schweigen brechen – Die Perspektive wechseln – Zur politischen Bedeutung afro-deutscher Frauenliteratur

Im März 1995 erschien im Orlanda Frauenverlag ein Gedichtsband mit dem Titel *blues in schwarz-weiß*. Die Autorin May Ayim ist damit meines Wissens die erste und einzige afro-deutsche Schriftstellerin, die im belletristischen Bereich eine eigene Textsammlung veröffentlicht hat. Alle anderen Texte afro-deutscher Autorinnen sind nur in Aufsatzsammlungen zu finden. Eine Anthologie mit belletristischen Texten von Schwarzen Frauen und *Women of Color* aus Amsterdam und der BRD ist in Planung. Angesichts der Popularität, welche die 'Frauenliteratur' v.a. deutschsprachiger, aber auch zunehmend afro-amerikanischer und afro-europäischer Schriftstellerinnen im allgemeinen in den letzten Jahren hierzulande erlangt hat, fällt die weitgehende Abwesenheit der Stimmen afro-deutscher Frauen in literarischen Veröffentlichungen auf. Trotz der bislang wenigen Veröffentlichungen haben sich in den letzten Jahren Ansätze zu einer feministischen Literatur- und Literaturkritik-'Szene' afro-deutscher Frauen entwickelt.

Wie sehen, unter Berücksichtigung ihrer sozio-historisch begründeten benachteiligten gesellschaftlichen Situation, die Produktionsbedingungen afro-deutscher Frauen für schriftstellerisches Schaffen aus? Welches politische und künstlerische Selbstverständnis drückt sich in ihren Texten aus? Worin sehen die Autorinnen Identifikationsfiguren und -modelle? Welche thematischen Schwerpunkte und Motive ziehen sich durch die Texte? Welche literarischen und sprachlichen Formen werden angewandt? In welchem Umfang und mit welcher Motivation wird schwarze Frauenliteratur in der BRD rezipiert? Diese Fragen möchte ich versuchen zu beantworten.

Marion Kraft, Deutsche afrikanisch-amerikanischer Herkunft, ist eine der ersten feministischen Literaturwissenschaftlerinnen, die in den 80er Jahren begannen, sich mit der Literatur Schwarzer Frauen, zunächst mit der afro-amerikanischer Autorinnen, auseinanderzusetzen. Während v.a. in den USA bereits in den 70er Jahren von Schwarzen Frauen eine eigene Literaturkritik entwickelt wurde und afro-amerikanische Schriftstellerinnen sich vermehrt zu Wort meldeten, war die Beschäftigung mit der Literatur Schwarzer Frauen in der BRD noch Anfang der 80er Jahre absolutes Neuland. Marion Kraft veröffentlichte 1988 unter dem Titel *Zwischen Aversion, Alibi und Anerkennung – Aspekte der Auseinandersetzung mit der Literatur schwarzer Frauen*[20] den ersten literaturwissenschaftlichen Aufsatz zum Stand der Auseinandersetzung mit schwarzer Frauenliteratur in der Bundesrepublik. Zu den Rezeptionsbedingungen sagt sie:

„Betrachten wir [...] den deutschsprachigen Raum, so ist festzustellen, daß es sich bei der Zurkenntnisnahme der Literatur und Theorien schwarzer Frauen in der Regel um Übersetzungen aus dem Englischen handelt. Einige wissenschaftliche Arbeiten dazu sind noch spärlich [...], was wohl kaum am 'Sprachproblem' liegen kann, da andererseits weiße Autorinnen aus dem englischsprachigen Raum westdeutschen Feministinnen ebensowenig Probleme zu bereiten scheinen wie die französischen Post-Strukturalist/inn/en. Die Schranke scheinen viel eher eurozentrische Denk- und Herrschaftstrukturen zu bilden, die Angst vor dem Verlust einerseits verhaßter doch andererseits geliebter oder verinnerlichter Raster.“ (Kraft 1988; S.141)

Die Lektorin des Orlanda-Frauenverlags berichtete in einem Interview im Oktober 1995, daß die politischen Bücher von schwarzen und weißen Feministinnen und Kritikerinnen zum Thema Rassismus viel weniger verkauft würden als Veröffentlichungen zu traditionellen weißen feministischen Themen (beispielsweise Gesundheit, Arbeit, Partnerschaft), feministische Krimis oder Romane. Zu den spärlichen deutschsprachigen wissenschaftlichen Arbeiten über Literatur Schwarzer Frauen zählen Anne Koenens *Zeitgenössische Afro-amerikanische Frauenliteratur* (1985) und *Black Aesthetics*, von Sheila Mysorekar (1988).

„Daß die Arbeiten, die über die Literatur Schwarzer Frauen in letzter Zeit veröffentlicht wurden, sich vielleicht zusammenfassen ließen unter

---

20 Der Beitrag ist die überarbeitete deutsche Fassung eines englischsprachigen Vortrags zur Rezeption der Literatur Schwarzer Frauen in der Bundesrepublik. Er wurde im Rahmen der internationalen Frauenbuchmesse 1988 in Montreal gehalten.

dem Titel 'eine unter tausend', mag ein Gradmesser dafür sein, ob Rassismus im europäisch-feministischen Denken latent oder offenkundig vorhanden ist.“ (Kraft 1988; S.143)

Diese Aussage macht deutlich, daß ein Schwerpunkt der schwarzen feministischen Kritik in der BRD auf der Auseinandersetzung mit dem Eurozentrismus der (weißen) feministischen Theorie und Literaturwissenschaft, als Ursache für die mangelnde Zurkenntnisnahme schwarzer Frauenliteratur, liegt. „Wenn z.B. westdeutsche Feministinnen unter Berufung auf Derrida und Kristeva davon ausgehen, daß Frauen letztlich privilegierte Positionen einnehmen, von denen aus westliches phallozentrisches Denken dekonstruiert werden kann, dann liegt für mich die Weiterentwicklung dieser Überlegung nahe, inwieweit nicht gerade die Auseinandersetzung mit der Literatur schwarzer Frauen feministisches eurozentrisches Denken dekonstruieren kann.“ (Kraft 1988; S.144)

Gerade in der BRD ist die Diskussion in feministischen literaturwissenschaftlichen Kreisen um die Möglichkeit der Dekonstruktion eurozentrischen feministischen Denkens durch die Beschäftigung mit der Literatur Schwarzer Frauen nur sehr mühsam in Gang gekommen. Kraft beschreibt den Stand der Auseinandersetzung auf literaturwissenschaftlichen Tagungen in praxis- und theoriebezogenen Diskursen über feministische Perspektiven, für Anfang der 80er Jahre, folgendermaßen:

„Daß [...] die Stimmen schwarzer und farbiger Frauen gehört werden, ist [...] in Westdeutschland cin immer noch seltenes, wenn nicht außergewöhnliches Ereignis. Wo es stattfindet, ist es oft geprägt vom Eindruck unbequemer Erinnerungen, lähmenden Schuldgefühlen und Berührungsängsten, die Sprachlosigkeit zur Folge haben [...].“ (Kraft 1988; S.139)

Die Gründe liegen zum Teil in der spezifischen politischen und historischen Situation der BRD, d.h. den geschichtlichen Besonderheiten des deutschen Kolonialismus sowie der Kriegs- und Nachkriegsgeschichte. Dies hat dazu geführt, daß sich die BRD im Vergleich zu anderen europäischen Staaten, wie England oder Frankreich, viel langsamer zu einer multi-ethnischen Gesellschaft entwickelt und ein extrem eurozentristischer Kulturbegriff vorherrscht. Mit *multi-ethnischer Gesellschaft* ist eine Gesellschaft gemeint, in der Menschen mit verschiedenem ethnischen, religiösen oder kulturellen Erfahrungshintergrund zusammenleben. Dieses Zusammenleben heißt nicht, daß es keine Konflikte, strukturelle Machtverhältnisse – wie Rassismus und Ethnozentrismus –, oder soziales Gefälle zwischen den verschiedenen gesellschaftlichen Gruppen gibt, sondern lediglich, daß die 'multi-ethnische Gesellschaft' vom Staat als Tatsache anerkannt wird.

Die (weiße) deutsche feministische Bewegung ist von den genannten historischen Besonderheiten geprägt. Auch wenn Feministinnen und Literaturwissenschaftlerinnen in letzter Zeit vermehrt begonnen haben, sich mit diesem Rassismus bzw. Eurozentrismus, auch innerhalb des feministischen Diskurses, zu beschäftigen und dabei herausfanden, „daß durch eine Beschränkung auf den eigenen Kulturkreis und das Leben und die Werke weißer Frauen [...] auch sie eines Teils unserer Geschichte beraubt worden waren, die es nun zu entdecken galt. Dies wurde besonders deutlich an Themenbereichen wie weibliche Mythen und Tradition, alltägliche Kreativität, Sexualität und Frauenbeziehungen in der Literatur schwarzer Frauen." (Kraft 1988; S.142)

Als einen wichtigen Faktor für die mangelnde Rezeption schwarzer Frauenliteratur in der BRD nennt Kraft deren Nichtberücksichtigung in den Lehrplänen von Schulen und Universitäten. Sie begann deshalb, am Oberstufenkolleg der Universität Bielefeld Kurse mit den Themen Frauen in der 'Dritten Welt' und *Afro-amerikanische und Afro-europäischer Frauenliteratur* anzubieten und ein Konzept für eine Unterrichtseinheit zu *Black Women Writers* für die Sekundarstufe II vorzustellen[21].

Produktionsbedingungen – Leben in einer weißen Mehrheitsgesellschaft

Nach Alice Walker ist die Untersuchung der Produktionsbedingungen eine der wichtigsten Punkte für die Analyse der Literatur und für das Literaturverständnis Schwarzer Frauen. Die Produktionsbedingungen

21 siehe hierzu auch Kraft: "Blick auf eine andere Kultur - ein Frauenliteraturkurs" (1986/87) und "The Bluest Eye and Black Eyed Susans - Teaching Black Women's Literature" (1987).

afro-deutscher Autorinnen sind von denen der Afro-Amerikanerinnen hinsichtlich der Themenschwerpunkte und Inhalte verschieden. Deshalb sind auch die Themenschwerpunkte und Inhalte afro-deutscher Autorinnen zum Teil von denen der Afro-Amerikanerinnen verschieden. Obwohl das Konzept des *Black Feminist Criticism* einen theoretischen Rahmen für das Selbstverständnis afro-deutscher Autorinnen bilden kann, ist er nicht ohne weiteres auf bundesdeutsche Verhältnisse und die Situation afro-deutscher Autorinnen übertragbar. Verkürzt läßt sich sagen: Sind die Produktionsbedingungen für afro-amerikanische Schriftstellerinnen schon schlecht, so sind sie für afro-deutsche Frauen noch schlechter.

Die Gründe dafür sind in den historisch begründeten ideologisch-politischen Spezifika der BRD zu suchen, wie z.B. in der auf rassistischen Kontinuitäten basierenden völkischen Deutschtumsdefinition, einem sehr eurozentristischen Kulturbegriff und in sozialpolitischen Gegebenheiten, wie dem Fehlen von Rückzugsräumen im Sinne von communities. Weiterhin spielen Rassismus in der Schule, in Kinder- und Jugendliteratur, die Dominanz des weißen Schönheitideals und die in der BRD weitverbreiteten abwertenden Stereotypen von Schwarzen Frauen eine wichtige Rolle für die psychische Situation der Frauen. Aus diesen Rahmenbedingungen ergibt sich eine Lebensrealtät für afro-deutsche Frauen, die von Isolation, Zerrissenheit, 'Ortlosigkeit' und Vereinzelung in einer weißen Mehrheitsgesellschaft gekennzeichnet ist. Damit gehen Identitätsprobleme einher, welche nach Alice Walker die Entfaltung kreativer Kräfte hemmen.

Die Geschichte von Schwarzen ist im Schulunterricht kaum Thema. Wenn die Geschichte Amerikas behandelt wird, bleibt meist die Tatsache außen vor, daß die Hälfte der Amerikaner, die die Verfassung entwarfen, Sklavenhalter waren und Schwarze von den festgeschriebenen Grundprinzipien ausgeschlossen wurden. Die Geschichte Afrikas wiederum beginnt in deutschen Schulbüchern nur in Ausnahmefällen vor der 'Entdeckung' des Kontinents durch die Europäer. So setzt sich weiterhin die Vorstellung fest, Afrika habe keine eigene – erwähnenswerte – Geschichte. Plünderung und Unterwerfung der heutigen Trikont-Staaten werden selten kritisch diskutiert. Der deutsche Kolonialismus und seine verheerenden Folgen für die afrikanische Bevölkerung nimmt in den Lehrplänen der Schulen nur sehr wenig Raum ein, die kolonialistische Ideologie setzt sich in verklärender Weise in Kindergedichten und -liedern fort:

„Heiß brennt die Äquatorsonne
auf die öde Steppe nieder
nur im Kraale der Ovambo
singt voll Wonne seine Lieder

Refrain:
Kalitschkakau, Katschulima
Kalitschkakaukatschulima
Kalitschkakau, Katschulima
Kalitschkakaukatschulima

Dazu singen alle: Wumba, wumba, wumba

Doch vorbei ist's mit dem Singen
und im Kraale wird es leer
denn schon naht mit Keulenschwingen
seine Frau Ovambo her

'Wart Dich will ich singen lehren'
hört man sie von ferne schimpfen
'Hole Fressen für die Gören
in den Tanganyiakasümpfen!'

In den Sümpfen war die Schlange,
diese biß Ovambo sehr,
doch Ovambo war nicht bange,
und er sang sein Lied daher.

Ach, nun hat er ausgesungen,
eine Schaufel nahm das Weib
und sie warf mit ihren Jungen
in ein Grab Ovambos Leib.

Andere Fassung der Schlußstrophe:

Ach, nun hat er ausgesungen,
seine Haut zog ab sein Weib,
und sie fraß mit ihren Jungen
seinen fetten Negerleib."
(Volksweise, zit. nach Fremgen 1984, S.76)

Der Fokus bei der argumentativen Aufarbeitung des Nationalsozialismus ist, unter weitgehender Ausblendung der Verfolgung und Vernichtung anderer 'Minderheiten', auf die Massenvernichtung von sechs Millionen JüdInnen gerichtet. Dabei werden die Verbrechen nicht im Zusammenhang mit ihrer Kontinuität von kolonialen und antisemitischen Denk- und Handlungsmustern interpretiert, sondern individualisiert, d.h. als isoliertes „katastrophales Ergebnis der Tyrannei Hitlers (miß)gedeutet". (Oguntoye/Opitz/Schultz 1991; S.134)

Historisch-gesellschaftlich gewachsene Unterdrückungs- und Abhängigkeitverhältnisse werden meist als ahistorische Phänomene, als biologisch-naturbedingte Zwangsläufigkeiten vermittelt und nicht als strukturelle politische Machtverhältnisse, hinter denen staatliche und ökonomische Interessen stehen. Hervorgehoben werden lediglich die scheinbar uneigennützigen 'Hilfeleistungen' für die sogenannte 'Dritte Welt'. Weiße Kinder bekommen so einen rassistisch-paternalistischen Blick auf Menschen aus diesen Ländern, deren Sprache, Religion und Kunst im Vergleich mit der 'eigenen', europäischen, als minderwertig eingestuft wird. Das positive Bild des Menschen aus der 'Ersten Welt' entsteht über diese Abwertung. „Die Infizierung mit Mythen, Halb- und Unwahrheiten beginnt in der Kinderstube, wird z.B. in der einseitigen Berichterstattung der Massenmedien fortgesetzt und führt zu einer tiefgehenden Verwurzelung im kollektiven Bewußtsein der Gesellschaft." (Oguntoye/Opitz/Schultz 1991; S.132)

Die deutschsprachige Kinder- und Jugendliteratur transportiert in den meisten Fällen ein Afrika-Bild, das von Kolonialklischees und offenem oder subtilem Rassismus geprägt ist. Viele bekannte Erzählungen, in denen Menschen afrikanischer Herkunft beschrieben werden, stammen aus dem 19. Jahrhundert. Diese Literatur verbreitet in unveränderter Form – oder in Neuauflagen – die gängigen diffamierenden Stereotypen vom arbeitsscheuen, häßlichen, dummen, exotischen, zügellosen, wilden und grausamen – kurz: unfähigen und unvollkommenen – afrikanischen Menschen, der die 'Erziehung' durch den weißen Europäer benötigt und ansonsten für die Zivilisation untauglich ist. (vgl. Oguntoye/Opitz/Schultz 1991; S.127-129)

Die Lieder *Zehn kleine Negerlein* und *Negeraufstand ist in Kuba* sind zwei der bekanntesten Beispiele:

„Negeraufstand ist in Kuba
Schüsse hallen durch die Nacht,
in den Straßen von Havanna
stechen Neger auf die Wacht

Refrain:
Umba, umba, assa
Umba, umba, assa
Umba, eeo, eeo, eehh

[...]

Und der Häuptling Schwarzer Zacken,
der frißt einen weißen Backen,
und von einem Säuglingsknochen
läßt er sich 'ne Suppe kochen

In den Nächten gellen Schreie,
Köpfe rollen hin und her.
Schwarze Negerhände greifen
nach dem Goldzahn und nach mehr.

In Gesträuch und in Gestrüppe
hängen menschliche Gerippe,
und die Neger und die Kleinen
knabbern schmatzend an Gebeinen

[...]

Als der Aufstand war veronnen,
schien die liebe gute Sonnen
auf die prallen schwarzen Wänste
die da litten Stuhlgangängste"
(Volksweise, zit. nach Fremgen 1984, S.77)

In Kindergeschichten treten Schwarze, wenn überhaupt, in der Regel als unbedeutende Randfiguren auf, zumeist als Dienende oder in anderen Klischeerollen. Afro-Deutsche kommen in Kinder- und Jugendbüchern normalerweise nicht vor. Brigitta Benzig hat mehr als 400 Kinder- und Jugendbücher in Bezug auf das vermittelte Afrika-Bild analysiert und kommt zu dem Schluß:

„Die Afrikaner sind hier nur Bestandteil der exotischen Szenerie." Schwarzen Kindern, die in Deutschland aufwachsen, bleibt durch die beschriebenen Bildungsstrukturen ein positiver Zugang zu ihrer afrikanischen oder afro-amerikanischen Herkunft erschwert. Die Pädagogik vermittelt und bestätigt eine bestimmte Vorstellung von 'schwarzer Identität', die die 'Minderwertigkeit' Schwarzer Menschen fortschreibt und aus exotistischen und rassistischen Stereotypen besteht. Schwarzen Kindern werden auf diesem Weg subtile Gefühle von Unterlegenheit und Minderwertigkeit vermittelt, die sich hinderlich auf die Entwicklung eines komplexen, an der Realität orientierten Selbstbildes auswirken.

Für afro-deutsche und Schwarze deutsche Mädchen und Frauen ist eine positive Identifikation mit dem afrikanischen Teil der Herkunft schwer, weil 'Schwarz' im abendländischen Kulturkreis mit 'böse' und 'schmutzig' gleichgesetzt wird. Das sichtbarste Zeichen der Andersartigkeit, die Hautfarbe, wird auf diese Weise mit einem abwertenden Vorzeichen versehen. Das europäische Schönheitsideal, welches 'Reinheit' symbolisiert, bezieht sich auf weiße, blauäugige Menschen und ist Teil „einer rassistischen Ästhetik, in der blond als der Inbegriff von Schönheit gilt." (Hooks 1994; S.89) Dieses Schönheitsideal schließt Schwarze Menschen aus.

„Die Definition von schwarzer Haut, krausem Haar [...] als häßlich ist ein Teil des negativen Bildes, das Schwarze [...] von sich selbst finden und mit dem sie ständig konfrontiert werden. Da das Schönheitsideal schwarze Haut diskriminiert, nimmt es eine Schlüsselfunktion für die Identität der schwarzen Frau ein, da Schönheit als notwendiges weibliches Attribut gilt. Da die Gesellschaft großen Wert auf die Klassifizierung in Geschlecht und Rasse legt, werden diese [...] bereits früh bewußt gemacht und mit Werturteilen belegt." (Koenen 1985; S.67)

Aufgrund ihrer Sozialisation in einem dominierenden weißen Umfeld und dem Einfluß der Massenmedien ist es für Schwarze Frauen unmöglich, der Auseinandersetzung mit dem Schönheitsideal auszuweichen.

In den letzten Jahren hat hinsichtlich der Dominanz des weißen Schönheitsideals eine Verschiebung stattgefunden. Seit einiger Zeit gibt es auffallend viele Schwarze Fotomodelle und Mannequins. Das bekannteste Beispiel ist Naomi Campbell. Doch zum einen müssen diese Models trotzdem verschiedenen äußerlichen Kriterien genügen, die am weißen Schönheitsideal orientiert sind. Nase und Lippen haben relativ schmal zu sein, und das Haar darf nicht krausen, d.h. die *weiße Frau mit der dunklen Haut* ist gefragt. Zum anderen werden Schwarze Fotomodelle oft in einem Kontext gezeigt und beschrieben, der Exotik und wilde, unverbrauchte Natur suggeriert. Die Popularität schwarzer Fotomodelle bietet also lediglich eine neue Matritze für das Klischee von der exotischen Schönheit und allen damit verbundenen (sexuellen) Projektionen. Die weitverbreitete Vorstellung von Schwarzen Frauen ist weiterhin von rassistischen, exotistischen und sexistischen Stereotypen geprägt. Gängige Bilder, die ihren Ursprung in der deutschen Kolonialzeit haben, sind das *faule, schmutzige, ungelehrige schwarzes Dienstmädchen oder das kokette, sexuell immer willige Mischlingsweib.*

„Viele der Stereotypen, die das Bild schwarzer Frauen im deutschen Bewußtsein bestimmten, wurden kritiklos von den Massenmedien des weißen US-Amerikas übernommen [...]„ In Deutschland „[...] halten sich stereotype Negativbezeichnungen und Denkstrukturen, die auf der Annahme rassistischer Überlegenheit basieren [...] äußerst hartnäckig, einschließlich eines pejorativen Sprachgebrauchs, der selbst bei der Bezeichnung von Süßigkeiten oft mit dem negativ besetzten Begriff 'Neger' verbunden ist." (Kraft 1990; S.29)

Bei den vom us-amerikanischen Kulturmarkt übernommenen Bildern handelt es sich vorrangig um zwei (literarische) Stereotypen: „zum einen die schwarze 'Mammy', die machthungrig geworden ist, zum anderen die sexuelle Wilde, die ihren Körper benutzt, um Männer zu verführen und zu erobern.“ (Hooks 1994; S.89)

Gerade die sexuell besetzten Stereotypen zeigen die Verbindung von Rassismus und Sexismus und wirken sich negativ auf die Entwicklung eines positiven Selbstbildes aus.

„Schwarze Frauen werden mit Klischees bombardiert, die besagen, ihre Körper seien austauschbar. Sie haben diese Ansicht entweder passiv aufgenommen oder sich ihr heftig widersetzt [...] Tina Turners Karriere fußt auf einem konstruierten Image von schwarzer weiblicher Sexualität, das diese mit wilder, animalischer Lust gleichsetzt.“ (Hooks 1994; S.86-88)

Dieses künstlich geschaffene Image ist das Spiegelbild patriarchaler pornographischer Phantasien von der Schwarzen Frau als ungebändigte sexuelle Wilde. Hooks beschreibt, wie diese Phantasien verstärkt auf Schwarze Frauen mit hellerer Hautfarbe projiziert werden:

„Nach dem Willen der sexistischen/rassistischen sexuellen Mythologie verkörpert sie das Beste, was eine schwarze Wilde hat. Elemente des Weißseins mildern diesen Eindruck, machen das Bild weicher und verleihen ihm eine Aura der Tugend und Unschuld. In der unterschwellig rassistischen, pornographischen Vorstellung ist sie die vollkommene Kombination von Jungfrau und Hure, der Vamp schlechthin [...] In der Literatur und im frühen Film wurde dieses bereinigte ethnische Image als das der 'tragischen' Mulattin definiert. Tauchte sie im Film auf, war sie der Vamp, den weiße Männer fürchteten.“

Das amerikanische Stereotyp der *tragischen Mulattin* (tracic mulatto) zeigt Parallelen zum Stereotyp des *koketten Mischlingweibes*, welches deutsch-kolonialen Ursprungs ist. Afro-deutsche Frauen mit hellerer Hautfarbe sind diesem Klischeebild verstärkt ausgesetzt.

Völkische Deutschtumsdefinition, ein eurozentrischer Kulturbegriff und das Fehlen von communities stellen einen weiteren Grund für die gesellschaftlich benachteiligte Situation dar.

Die völkische Deutschtumsdefinition im deutschen Staatsbürgerrecht ist ein Beispiel für rassistische Gesetzgebungspolitik. In der BRD hat sich bis heute die konsequenteste Form des Abstammungsprinzips als Kriterium für Staatsangehörigkeit erhalten. Seit ihrer Entstehung Anfang des 19. Jahrhunderts ist diese Regelung *ein* Ausdruck von nationalistischen und rassistischen Absichten. Die deutsche Staatsangehörigkeit basiert im wesentlichen auf zwei gesetzlichen Grundlagen. Das ist erstens der Artikel 116 (1) des Grundgesetzes und zweitens das Reichs- und Staatsangehörigkeitsgesetz von 1913.[22] Nach dem Grundgesetz von 1949 bezieht sich 'deutsch' als Rechtstatus nicht nur auf Menschen, die auf dem Territorium der BRD leben, sondern auch auf Personen, die in Gebieten wohnen, die zur Zeit der Weimarer Republik zum deutschen Reich gehörten. Der genaue Wortlaut von Artikel 116 (1) GG ist: „Deutscher im Sinne dieses Grundgesetzes ist, [...] wer die deutsche Staatsangehörigkeit besitzt oder als Flüchtling oder Vertriebener deutscher Volkszugehörigkeit oder als dessen Ehegatte oder Abkömmling in dem Gebiete des Deutschen Reiches nach dem Stande vom 31. Dezember 1937 Aufnahme gefunden hat."

So wie jeder Staat per Paß und Verfügungsgewalt Menschen zu StaatsbürgerInnen definiert, so geschieht dies in der BRD entlang der Konstruktion einer deutschen *Volkszugehörigkeit* bzw. *Abstammung*, die besagt, daß diejenigen Deutsche sind, die von Deutschen abstammen und deren Deutschtum wiederum damit bewiesen ist, daß ihre Eltern Deutsche waren. Mit dieser tautologischen Stumpfsinnigkeit[23] wird nicht ein 'faktisches', sondern ein potentielles Staatsvolk in Art.16 GG. festgeschrieben. Die historisch 'zu spät gekommene' Nation definierte sich mit ihrem Volk gleich ein Staatsgebiet und -volk, welche größer waren, als ihre damalige Souveränität. Und: das ist heute nicht anders als zur Staatsgründung. Als politische Waffe einsetzbar, erkennt die BRD im Grundgesetz die bestehenden Grenzen ihres Staatsgebietes nicht an, bzw. bestreitet anderen Staaten deren Verfügungsgewalt über

---

22 Als 1913 das immer noch (mit wenigen Abstrichen und Änderungen) geltende Reichs- und Staatsangehörigkeitsgesetz (RuStAG) verhandelt wurde, hieß es im Bericht der gesetzesvorbereitenden Kommission, das ius-soli-Prinzip (Geburt auf dem Territorium des Landes als Kriterium für Staatsangehörigkeit) sei "mit der Reinerhaltung der Rasse und der Eigenart unseres Volke unverträglich." (vgl. Franz 1992; S.241)

23 Danke Mr.B.!

Land und Leute. Diese Methode, immer mehr und immer neue Deutsche im Ausland ausfindig zu machen, reicht soweit, im Bundesvertriebenen- und Flüchtlingsgesetz als deutsche Volkszugehörige zu definieren, „wer sich in seiner Heimat zum deutschen Volkstum bekannt hat, sofern dieses Bekenntnis durch bestimmte Merkmale, wie Abstammung, Sprache, Erziehung, Kultur bestätigt wird“ (BVFG-6). 'Deutsch' bezeichnet also nicht nur formelle Strukturprinzipien, „sondern darüberhinaus eine kulturelle Prägung, eine Geisteshaltung, ein Glaubensbekenntnis, das durch die Abstammungsfolge weitergegeben wird bzw. weitergegeben werden soll“. (Lwanga 1993; S.266)

Die Konstruktion der Abstammung wird umso härter gegen diejenigen gewendet, die sich nicht hierin einreihen lassen und deren politischer und ökonomischer Nutzen für die BRD nicht absehbar ist. So ist auch die sogenannte Einbürgerung von den wenigen AusländerInnen, die sowieso nur noch dafür in Frage kommen, an bestimmte Bedingungen geknüpft und folgt dem Ziel der *Eindeutschung*. Die deutsche Staatsangehörigkeit von Schwarzen Menschen, wenn sie mal zustande kommt, wird von der Mehrheitsbevölkerung in der BRD demgemäß kaum wahrgenommen bzw. akzeptiert: „Den [...] strukturellen Grundlagen entspricht die in der deutschen Mehrheitsbevölkerung festgefahrene Vorstellung davon, wie eine Deutsche/ein Deutscher auszusehen und sich zu verhalten hat. Sie/er darf auf jeden Fall nicht 'fremd' wirken. Und diese Wirkung ist offensichtlich um so stärker, je dunkler die Hautfarbe, je weniger europäisch die (vermutete) kulturelle Herkunft [...] Mit wenigen Ausnahmen teilen die meisten Mehrheitsdeutschen (bewußt oder unbewußt) die [...] Haltung der Bundesregierung: Die BRD ist ein völkischer Staat und kein Einwanderungsland.“ (Lwanga 1993; S.270)

In Verbindung mit der völkischen Deutschtumsdefinition wird ein Kulturbegriff konstruiert, der Kultur mit Hautfarbe gleichsetzt; die Formel lautet: Deutsche Kultur gleich weiße Haut. Andere Hautfarbe – gleich andere Kultur – gleich fremd. Dazwischen: unüberbrückbare Schranken.

In den USA entstanden im Laufe der Geschichte aus den zerrissenen Sklavenfamilien afro-amerikanische communities. Mit der Herausbildung von communities in der US-amerikanischen Diaspora ist auch die Entwicklung von eigenen identitätsstiftenden kulturellen Aspekten und

Traditionen, wie Musik, Literatur, und die Entwicklung von eigenen politischen Widerstandsformen verknüpft. Communities sind demnach nicht nur soziale Verbände bestimmter gesellschaftlicher Gruppen, sondern können auch Rückzugsräume bilden, in denen kulturelles bzw. künstlerisches Schaffen möglich ist und aus denen sich ein positives schwarzes Bewußtsein schöpfen läßt. Afro-deutsche Menschen dagegen leben häufig vereinzelt und isoliert in einer weißen Mehrheitsgesellschaft. Im günstigsten Fall werden sie als ExotIinnen betrachtet, meistens als dunkelhäutige Fremde. Die häufig bi-kulturelle Herkunft, d.h. beispielsweise weiße Mütter oder Väter, oder ausschließlich weiße Bezugspersonen in der Primärsozialisation erschweren den positiven Rekurs auf den afrikanischen Teil der kulturellen Herkunft. Zur Situation der Vereinzelung und Isolation trägt das angesprochene spezifisch deutsche Politikum bei: „[...] in Deutschland leben einige Millionen Menschen, deren Situation mit der der US-amerikanischen Minderheiten strukturell durchaus vergleichbar ist. Mit einer wichtigen Ausnahme: In den USA gibt es kein völkisches Staatsbürgerrecht." (Jacob, April-Juni 1995; S.6)

Afro-Deutsche haben zwar einen deutschen Paß, stehen jedoch unter ständigem Legitimationszwang, da sie schon äußerlich aus der Deutschtumsdefinition, wie sie im Staatsbürgerrecht ausgeführt wird, herausfallen. Der Fortbestand des Blutrechts ist eines der Sondergesetze, die in Deutschland 'deutsche' Identität garantieren. Wer sich einer 'deutschen Identität' sicher sein darf, wird über dieses Blutrecht entschieden. Für den 'Rest', wirkt die Konfrontation mit rassistischer Gewalt 'identitätsstiftend'. Diese Menschen werden mit einer Negativ-Identität versehen, sind die 'Anderen'. Das bedeutet auch, daß es in Deutschland für einige Millionen Menschen keine sicheren Räume gibt (eine Tatsache, die, bezogen auf Rassismus, in den USA teilweise durch die communities aufgefangen wird). Spätestens seit der deutschen Einheit und den faschistischen Pogromen zeichnet sich die BRD durch eine Gesellschaft aus, in der der Ursprungsmythos 'Ethnizität' darüber entscheidet, wer 'dazu gehört' und wer nicht.

„Den Rappern von NWA[24] wird nicht bestritten, Amerikaner zu sein! Den Rappern von Fresh Familee[25] wird von Deutschland vielleicht ein

24 NWA ist eine afro-amerikanische Hip-Hop-Band aus Los Angeles.

Assimilationsangebot mit Vorbehalt ('Schnupperstaatsbürgerschaft') gemacht, ein Angebot auf Einverleibung, eine als Gnade gewährte Option, 'Deutsche zu werden' [...] Wer dieses Angebot annimmt [...], muß beweisen, daß er etwas ist, was zu definieren er gar nicht die Macht hat.“ (Jacob, April-Juni 1995; S.8)

Dies gilt in weiterem Sinne auch für Afro-Deutsche und Schwarze Deutsche. Der einzige Weg als ‘Deutsche’ über den Paßbesitz hinaus anerkannt zu werden, wäre die komplette Anpassung an konstruierte deutsche Werte- und Kulturvorstellungen. Alle, die sich dieser Einverleibung verwehren, werden durch die deutsche Ausgrenzungspraxis zu besonderen ‘Ethnien’ gemacht. Andere Denkformen und Lebensweisen, auch wenn sie allein aus den Erfahrungen von Rassismus und Sexismus resultieren, werden nicht akzeptiert. Für afro-deutsche und Schwarze deutsche Frauen kann sich daraus ein Spannungsfeld, gezeichnet von Zerrissenheit und sozialer ‘Ortlosigkeit’, ergeben. Dieses Spannungsfeld hat Alice Walker mit *contrary instincts*, (einander entgegengesetzte Interessen) bezeichnet. Sie sieht darin einen hemmenden Faktor zur Realisierung eines künstlerisch-kreativen Potentials.

Literaturproduktion im Kontext einer politischen Bewegung

„Das Durchbrechen von Schweigen geht [...] zunächst immer von den Betroffenen aus.“ (Kraft 1988; S.142)

Mitte der 80er Jahre haben Afro-Deutsche und Schwarze Deutsche den Schritt aus der Vereinzelung und Isolation gewagt, sich zusammengeschlossen und 1985 die *Initiative Schwarze Deutsche und Schwarze in Deutschland* (ISD) in Berlin gegründet. Dazu kam die Gründung einer Initiative afro-deutscher Frauen (ADEFRA). Die Initiativen haben sich antirassistische Öffentlichkeitsarbeit zum Ziel gesetzt und arbeiten am Aufbau einer afro-deutschen bzw. schwarzen community in der BRD. Die wesentliche Gemeinsamkeit afro-deutscher Menschen ist kein biologisches sondern ein soziales Kriterium, nämlich

25 *Fresh Familee* ist eine türkisch-deutsche Hip-Hop-Band, deren Mitglieder der sogenannten *zweiten Generation* von Türken in Deutschland angehören.

das Leben in einer weißen Mehrheitsgesellschaft. Im Selbstverständnis-Papier der ISD heißt es:

„Gemeinsam ist uns meist die Isolation, das Eingebundensein in vorwiegend weiße soziale Bezüge, ohne Rückenstärkung einer Schwarzen Gemeinschaft." (*afro-look*, Nr.16, 1995; S.2)

Betont werden jedoch auch die Unterschiede zwischen Schwarzen in Deutschland, um nicht als homogene Gruppe von Unterdrückten stereotypisiert zu werden. Seit der Gründung veranstaltet die ISD jährlich den „Black History Month", Schwarze Filmfeste, Lesungen und Seminare von und mit Schwarzen Menschen. Aus der ISD ist eine vierteljährig erscheinende Zeitschrift, die *afro-look*, entstanden.

„Sie enthält Berichte, Dokumentationen, Interviews, Kommentare, Nachrichten, Biographien, Poesie ...- künstlerische sowie politische Beiträge, die für Schwarze Menschen in diesem Land von Interesse sind." (*afro-look*, Nr.16, 1995; S.2)

Als eine wichtige Initiatorin für die afro-deutsche Bewegung gilt die karibisch-afro-amerikanische Dichterin Audre Lorde. Ekpenyong Ani, Lektorin im Orlanda-Frauenverlag, beschreibt Audre Lorde als *starke, charismatische Persönlichkeit*, die Schwarze Frauen direkt aufgefordert habe, sich zusammenzutun und das Hindernis, sich zueinander zu bekennen, abzubauen. Sie habe die Frauen „dazu ermutigt, sichtbar zu werden, eine Kultur zu finden und eine community zu bilden." (Ani; Okt. 1995).

Gemeinsam mit Audre Lorde wurde 1984 von afro-deutschen Frauen der Begriff Afro-Deutsch entwickelt. Im gleichen Jahr erschien ein Buch mit dem Titel ... *und wenn du dazu noch schwarz bist*, das Berichte schwarzer Frauen in der BRD enthält und Rassismus in den Medien, der Schule und der Kinder- und Jugendliteratur dokumentiert. Die Herausgeberin und Autorin Gisela Fremgen verwendet den Begriff *Afro-Deutsch* noch nicht. Bis zur Entstehung der afro-deutschen Bewegung gab es für Schwarze Deutsche nur pejorative, diskriminierende Begriffe. 'Neger', 'Farbige', 'Mulatten', 'Bimbos' oder 'Besatzungskinder' waren gängige Bezeichnungen. „Mit Begriffen wie Schwarze Deutsche und Afro-Deutsche als Ausdruck unserer bi-nationalen (manchmal auch multi-nationalen) Herkunft, bestimmen wir uns selbst, anstatt bestimmt zu werden." (*afro-look*, Nr.16, 1995; S.2)

Audre Lorde hat im Rahmen eines Workshops über Dichtung und eines Seminars über Schwarze amerikanische Dichterinnen afro-deutsche Frauen weiterhin dazu ermutigt, ihre Lebensgeschichte aufzuschreiben. Daraus ist 1986 das Buch Farbe bekennen entstanden, „in dem in wissenschaftlichen, autobiographischen und literarischen Texten schwarze deutsche Frauen die Vereinzelung durchbrochen und sich als Gruppe sichtbar gemacht haben“. (Kraft 1988; S.144)

Farbe bekennen wird in mehrerer Hinsicht als Meilenstein für die afro-deutsche Bewegung gesehen: „In dem Buch 'Farbe bekennen' haben erstmals, bezogen auf die deutsche Gesellschaft, afro-deutsche Frauen dieses Schweigen durchbrochen und sich mit den historischen und theoretischen Wurzeln der persönlich erfahrenen Ausgrenzung auseinandergesetzt.“ (Kraft 1990; S.41)

Dies hat vielen Schwarzen Deutschen mit unterschiedlichem Hintergrund und in verschiedenen Zusammenhängen Handlungmöglichkeiten eröffnet. Daraus entwickelt sich ein neues Selbstverständnis einer gesellschaftlichen Gruppierung, die sich auf verschiedene Aspekte ihrer kulturellen Herkunft beruft.

Darüberhinaus ist Farbe bekennen als Versuch zu sehen, eine Geschichte afro-deutscher Frauen zu schreiben. Anhand der Protokolle, Interviews und autobiographischen Aufzeichnungen entsteht eine Art schwarzer, bzw. afro-deutscher weiblicher Genealogie, ein Bild afrodeutschen Frauenlebens aus vier Generationen, das vom Anfang des Jahrhunderts bis heute reicht. Die ersten Lebensgeschichten stammen von zwei Frauen, Frieda P. und Anna G., die zwischen dem ersten und zweiten Weltkrieg geboren wurden und unter den rassistischen Verfolgungen durch die Nationalsozialisten zu leiden hatten. Die Enkelin von Anna, Abena Adomako, schreibt im selben Buch auch über ihre Lebensgeschichte.

Die Afrekete ist eine Zeitschrift von und für afro-deutsche Frauen. Die erste Ausgabe erschien 1988. Die *Afrekete* bildete eines der wenigen Foren zur Veröffentlichung von literarischen Texten[26]. Afrodeutsche Frauen haben seit Mitte der 80er Jahre begonnen, Lesungen mit Audre Lorde zu organisieren und über Unterschiede und Gemeinsamkeiten zwischen Afro-Deutschen und Afro-AmerikanerInnen zu

26 Die *Afrekete* hat ihr Erscheinen inzwischen eingestellt.

diskutieren. Sie bereiteten Veranstaltungen zu afro-brasilianischer Lyrik und zu Texten afro-deutscher Frauen vor. In verschiedenen deutschen Städten haben mittlerweile Lesungen und Diskussionen mit schreibenden afro-deutschen Frauen stattgefunden. Die Organisation und Durchführung der ersten gemeinsamen Schreibwerkstatt Schwarzer und weißer Frauen, die Anfang Juni, aufgrund der Initiative Schwarzer Frauen, in Bielefeld stattfand, war ein wichtiger Schritt im Hinblick auf einen ernsthaften Dialog zwischen Schwarzen und weißen Frauen.

Inzwischen hat sich die ISD in vielen größeren Städten der BRD in selbständigen Gruppen organisiert. Die einzelnen eingetragenen Vereine und Gruppen stehen bundesweit in Kontakt: „[...] auch wenn die Schwarze Community in diesem Land sehr klein ist, sie ist da, sie ist tatkräftig, und sie wächst beständig." (Ayim 1994; S.33)

Der Orlanda-Frauenverlag in Berlin hat einen der Schwerpunkte auf Literatur Schwarzer- und afro-deutscher Frauen gelegt und stand in engem Kontakt mit Audre Lorde. Viele der dort erschienen Publikationen sind der Dichterin und Kritikerin gewidmet oder beinhalten ein Vorwort von ihr. Auch die Lyrik-Sammlung *blues in schwarz-weiß* von May Ayim ist in diesem Verlag erschienen. Im Rahmen der Frankfurter Buchmesse 1995 ist der Band vorgestellt worden.

Die meisten afro-deutschen Autorinnen sehen sich nicht ausschließlich als Schriftstellerinnen, sondern im politischen Kontext der Schwarzen Bewegung – in der Diaspora – und der feministischen Bewegung von Women of Color, die gegen Rassismus und Ausgrenzung aller zu 'Minderheiten' definierten Gruppen kämpfen.

Afro-deutsche Frauen sehen die verschiedenen Aspekte ihrer kulturellen Herkunft als Möglichkeit zur Entfaltung einer positiven Kraft, „denn es spielt keine Rolle, ob wir mit 'Schwarz' Menschen afrikanischer Herkunft und der afrikanischen Diaspora meinen oder aber 'Schwarz' so verstehen wie in Neuseeland oder Australien (und in Amerika) – 'people of color', die außerhalb der Strukturen stehen [...], Frauen, Menschen, für die 'Schwarz' ein Symbol des Widerstands ist." (Kraft/Lorde 1986; S.555)[27]

Afro-deutsche Frauen befinden sich im Kontext des feministischen Diskurses, sehen aber als *Women of Color* die Unterschiede zur femi-

27 In deutscher Übersetzung zitiert nach Kraft 1990; S.41.

nistischen Bewegung und Theorie weißer Frauen, fordern die Benennung dieser Unterschiede und wehren sich gegen die Vereinnahmung durch den Ethnozentrismus weißer Feministinnen. Ein Beispiel für die Unterschiede ist die Forderung weißer Mittelstandsfrauen nach der Politisierung des Privaten, resultierend aus ihrer historisch bedingten Verbannung aus der Öffentlichkeit in die Privatsphäre, in den 'Innenraum'. Viele Schwarze Frauen und *Women of Color* können diese Forderung aufgrund ihrer unterschiedlichen gesellschaftlichen Situation nicht teilen: „Ein Leben im 'Innenraum' ist nicht Frauenschicksal schlechthin. Die meisten Schwarzen Frauen haben keine andere Wahl, als sich mit der Außenwelt auseinanderzusetzen [...] Sie fällt über uns her, fordert uns heraus, stellt unsere Existenz in Frage. Wenn wir überleben wollen, müssen wir uns dem Kampf stellen. Für uns ist die Straße kein Ort der Phantasie, sondern Zuhause, Drohung oder Fluchtweg. Grenzübergang und Paßkontrolle [...]. Der Weg zu unseren Wurzeln." (Mysorekar, o.J.[28])

Im Unterschied zu weißen Mittelstandsfrauen also, stellt das von Rassismus geprägte soziale Umfeld für *Women of Color* einen wichtigen Ausganspunkt ihres politischen Bewußtseins dar. Aus diesem Grund konzentrieren sie sich häufig auf Themen, die nicht als 'typisch frauenspezifisch' eingeordnet werden können – Asyl, AusländerInnengeset, Migration, staatlicher Rassismus... – und auf die Schaffung von reproduktiven Räumen in einer sonst feindlichen Umgebung.

Dieses Selbstverständnis zeigt sich in der Literatur afro-deutscher Frauen daran, in welchem Kontext die meisten Texte erschienen sind: Viele Gedichte und Essays finden sich in Textsammlungen von *Women of Color* und weißen Frauen aus aller Welt, die den Schwerpunkt auf verschiedene politische Aspekte legen.

Es sind von afro-deutschen Frauen bisher keine explizit fiktionalen Texte veröffentlicht worden, die sich mit den üblichen literarischen Genrebezeichnungen beschreiben ließen, wie beispielsweise Romane, Erzählungen oder Kurzgeschichten, in denen eine ästhetische Ich-Konzeption, fiktionale Figuren und Orte auszumachen wären. Alle Texte weisen einen mehr oder weniger direkten Bezug zur eigenen

---

28 zitiert nach Schultz 1990; S.50.

Biographie und dem eigenen persönlichen/politischen Erfahrungshintergrund oder real existierenden Personen auf. Angesichts der Tatsache, daß die politische und kulturelle Bewegung afro-deutscher Frauen sehr jung ist, trifft die folgende Feststellung Sigrid Weigels zur Bedeutung der autobiographischen Schreibweise bei Frauen auf den Stand der Literaturproduktion afro-deutscher Frauen zu: „Die Grenze zwischen autobiographischer und fiktionaler Schreibweise ist bei Frauen besonders schwierig auszumachen. Wenn Frauen zu schreiben beginnen, steht ihnen oft kein anderer Stoff zur Verfügung als der der eigenen Geschichte. Deshalb ist die autobiographische Schreibweise bei Erstveröffentlichungen besonders häufig. Stärkere Fiktionalisierung und Literarisierung [Literarisierung gemeint im Sinne der herrschenden Definition von Literatur; Anm.d.Verf.] ist nicht selten an die Professionalität der Verfasserin gebunden.“ (Weigel 1987; S.154)

Die Literatur afro-amerikanischer Autorinnen zeigt einen höheren Grad der Fiktionalisierung. Die thematische Konzentration liegt auf der Darstellung des Lebens und der Konflikte – wie verinnerlichter Rassismus und Sexismus – innerhalb der schwarzen community. Bedingt durch die anderen gesellschaftlichen, politischen und historischen Rahmenbedingungen der BRD liegt der inhaltliche Schwerpunkt der Literatur afro-deutscher Frauen dagegen auf der Auseinandersetzung mit den Erfahrungen, die das Leben Schwarzer Menschen in einer mehrheitlich weißen Gesellschaft prägen. Dazu gehören Vereinzelung, Isolation und innere Zerrissenheit. Weiterhin ist die Suche nach Identifikationsmöglichkeiten jenseits stereotyper gesellschaftlicher Definitionen von weiß oder schwarz ein wichtiges Thema. Afro-deutsche Autorinnen wehren sich jedoch dagegen, daß ihr Schreiben lediglich auf die Sparte politische- oder Widerstandsliteratur (im ideologischen Sinne) festgelegt wird. Dies birgt nach Ekpenyong Ani die Gefahr des „Zwangs, wenn man einer Minderheit angehört, immer nur Leid und Hautfarbe thematisieren zu müssen.“ (Ani; Okt.1995)

Autobiographische Texte – Zur Entwicklung positiver Eigenbilder oder *Die Zwischenwelt als Chance*

In ihrem Roman *In Love and Trouble* 1973 (*Im Tempel meines Herzens* 1990) stellt Alice Walker die These auf, daß die Form der Kreativität von äußeren Faktoren abhängt und daß ohne ein positives Selbstbild und Selbstwertgefühl, auch unter günstigen ökonomischen Bedingungen, künstlerische Arbeit nicht möglich ist . Ausgehend von dieser These möchte ich einige autobiographische Texte von afro-deutschen Frauen aus dem Buch *Farbe bekennen* hinsichtlich der Entwicklung eines positiven Selbstbildes vorstellen. Ich lehne mich dabei an ein 1992 in den USA von G.K.Kich entwickeltes, dreistufiges Modell zur Entwicklung eines positiven Selbstkonzeptes von *biethnischen Menschen* an.

„Kich hat in seiner Untersuchung von 'biethnischen' Erwachsenen drei Hauptstufen herausgearbeitet, die einen Prozeß von einer minderbewerteten Identität zu einem sicheren und positiv bewerteten Selbstkonzept repräsentieren." (Teo 1994; S.154)

Der Begriff *biethnisch* ist zwar unspezifisch, da sich für Kinder von zum Beispiel Deutschen und Dänen andere Probleme ergeben als z.B. für Afro-Deutsche (die über ein sozusagen 'nicht-deutsches' Aussehen identifizierbar sind), zugleich aber ein neutraler Begriff. Deswegen spreche ich von *biethnischen* Menschen, wenn es um Menschen mit beispielsweise einem weißen und einem Schwarzen Elternteil geht.

Thomas Teo hat diesen Ansatz auf die Identitätsentwicklung *biethnischer* Menschen in der BRD übertragen. Die Stufen der Identitätsentwicklung, die Teo benennt, sind gekennzeichnet von dem „Gefühl der Verschiedenheit und Diskrepanz" aufgrund rassistischer Erfahrungen im Kindesalter sowie der „Suche nach Anerkennung aufgrund der Ambivalenz der Zugehörigkeit" im Jugendalter und führen schließlich zur „Selbstakzeptanz und Anerkennung der 'biethnischen' Identität." (Teo 1994; S.154-160) Afro-deutsche Autorinnen sprechen in diesem Zusammenhang auch von der „Zwischenwelt als Chance." (Oguntoye/ Opitz/ Schultz 1991; S.141)

Ich erweitere das erwähnte Entwicklungsmodell bei der Darstellung autobiographischer Texte afro-deutscher Frauen um die geschlechtsspezifische Komponente, die von Teo nicht berücksichtigt wird.

Zur politischen Bedeutung autobiographischer Texte von Frauen sagt Sigrid Weigel: „Dem [...] Mangel weiblicher Geschichte und Subjektivität in der Literatur wird dadurch begegnet, daß die Autorinnen ihre eigene Entwicklung zum [...] Thema machen. Erinnerungsarbeit beinhaltet in erster Linie den Versuch, die Prägungen der eigenen Lebensgeschichte durch familiäre und gesellschaftliche Erfahrungen zu untersuchen [...] Die Abgrenzung gegenüber schriftstellerischer Professionalität wie gegenüber Konzepten künstlerischer Autonomie konstituiert dabei unter dem Begriff der 'Authentizität' die Forderung, daß die Wirklichkeit unmittelbar in die Literatur Eingang finden solle.“ (Weigel 1987; S.140-141)

Ich beschränke mich auf autobiographischen Texte von Frauen, die auch Gedichte, Kurzgeschichten, Tagebuchaufzeichnungen veröffentlicht haben. Dazu gehören Helga Emde, May Opitz, Katharina Oguntoye, Corinna N. und Katharina Birkenwald.

Helga Emde ist im Nachkriegsdeutschland großgeworden. Sie ist Diplompädagogin, Mitglied der *Initiative Schwarze Deutsche und Schwarze in Deutschland* (ISD) und des Anti-Rassismus-Arbeitskreises beim Weltkirchenrat in Genf. Sie veröffentlicht Gedichte, zum Beispiel in den Bänden 23 und 27 der *Beiträge zur feministischen Theorie und Praxis*.

May Opitz heißt heute May Ayim. Sie ist Dichterin, Pädagogin, Logopädin und lebt seit 1984 in Berlin. Sie ist seit langem in der schwarzen community und der Frauenbewegung aktiv und gehörte 1985 zu den GründerInnen der ISD. In den letzten Jahren arbeitete sie als Lehrbeauftragte an Berliner Hochschulen und als Sprachtherapeutin in verschiedenen Einrichtungen. Schwerpunkte ihrer Arbeit und Forschung sind Rassismus im Erziehungs- und Therapiebereich und Fragestellungen zur Geschichte und Gegenwart Schwarzer Menschen in Deutschland. Sie ist Mitherausgeberin der Bücher *Farbe bekennen* und *Entfernte Verbindungen* und schreibt zur Zeit ihre Dissertation zum Thema Schwarze Kinder in deutschen Heimen. Im März 1995 ist ihr erster Gedichtband *blues in schwarz-weiß* erschienen.

Katharina Oguntoye wuchs in Leipzig und Heidelberg auf. Sie ist Mitherausgeberin des Buches *Farbe bekenne*“ und hat darin auch mehrere Gedichte und fragmentarische Texte veröffentlicht.

Corinna N. wuchs in der BRD und Äthiopien auf und lebt heute mit ihrem Mann in New-York. Sie hat in *Farbe bekennen* mehrere kurze Texte und Gedichte veröffentlicht.

Katharina Birkenwald ist in der DDR groß geworden und begann mit 14 Jahren zu schreiben. Während ihrer Lehre zur Schriftsetzerin veröffentlichte sie ihre ersten Gedichte und trat einem Literatenzirkel bei. Auch in *Farbe bekennen* hat sie mehrere Gedichte veröffentlicht.

Mit wenigen Ausnahmen sind die autobiographischen Texte in *Farbe bekennen* vom Realitätsbegriff der Interview- und Protokolliteratur geprägt und weisen immer eine authentische Ich-Konzeption auf. Eine Ausnahme bildet der Text *Aufbruch* von May Opitz, die bei den Erinnerungen an die Kindheit manchmal die Erzählperspektive wechselt und in der dritten Person schreibt: „Wenn kind auf der Kirmes 'ne Zuckerstange bekommt". Eine zweite Ausnahme sind die sehr assoziativ geschriebenen Tagebuchaufzeichnungen von Corinna N., die an eine mündliche Erzählweise erinnern.

Alle Autorinnen berichten von rassistischen Erfahrungen im Kindesalter, die zu Gefühlen von Verschiedenheit und Diskrepanz führen. Laut Teo würden ohne diese Erfahrungen keine (negativen) Zuschreibungen mit der Hautfarbe verbunden werden.

„Ich und mein zwei Jahre jüngerer Bruder wuchsen [...] mit schwarzen und weißen Menschen in unserem Umfeld auf. Trotzdem habe ich mich selbst wohl nicht als schwarz empfunden, denn als ich einmal [...] einen Afrikaner die Straße entlang laufen sah, rief ich ganz aufgeregt: 'Mutti, schau mal! Ein Neger.' Diese Episode, die meine Mutter oft erzählte, läßt mich vermuten, daß ich meine Hautfarbe und die meines Vaters nicht mit dem Ausdruck 'Neger' in Verbindung brachte." (Oguntoye 1991; S.212)

Das Gefühl der Verschiedenheit wird von Teo als neutrales Gefühl beschrieben, während das Gefühl der Diskrepanz ein pejoratives Element beinhaltet. Afro-deutsche Kinder werden aufgrund ihres Aussehens, ihres Namens, ihres Geburtsortes usw. ständig mit der Frage konfrontiert, wer sie seien und woher sie kämen: „Fast täglich wurde meine gute deutsche Aussprache bewundert und gleichzeitig nach meiner Herkunft gefragt." (Emde 1991; S.105)

Das Wissen über die Verschiedenheit wird zunächst noch nicht als negativ verspürt: „In der Grundschule wurde ich oft gefragt, wo ich herkomme. Und einer Freundin habe ich dann immer die dollsten Geschichten von Afrika erzählt." (Opitz 1991; S.157)

Rassistische Lehrinhalte in der Schule und rassistisches Verhalten von Seiten der LehrerInnen und MitschülerInnen sind häufig Auslöser für den Umschwung zum negativ besetzten Gefühl der Diskrepanz:

„Im Schulchor gab es ein Lied, das ich absolut nicht mitsingen konnte – 'schwarzbraun ist die Haselnuß, schwarzbraun bin auch ich'. Wenn ich es hörte, bekam ich regelrechte Hitzewallungen vor Scham und glaubte, daß nun alle Schüler auf mich zeigen würden. Es war eine Qual für mich." (Emde 1991; S.105)

Das Verhalten in der Schule gegenüber afro-deutschen Kindern reicht von subtil rassistischen Zuschreibungen – „In der Grundschule bekam ich in einem Theaterstück eine Hauptrolle als Teufelchen. Alle meinten, ich wäre doch für die Rolle ideal, weil ich mich nicht mehr anzumalen brauchte" (Opitz 1991; S.155) – über die Verbreitung explizit rassistischer Inhalte – „Ich erinnere mich an einen Biologie-Lehrer, dem ich unterstellte, daß er mich wegen meiner Hautfarbe nicht ausstehen konnte. Seine Art, Themen zu behandeln, bei denen es um Rassen ging usw. brachte seinen ganzen Rassismus zum Ausdruck, und einige Mitschüler haben das dann auch noch von ihm übernommen" (Opitz 1991; S.159) – bis hin zur Ausübung von rassistischer Gewalt. Dazu zählen verbale Angriffe – „Ich war leider die einzige Farbige in der Klasse. Die anderen nutzten das natürlich aus und hänselten mich: 'Stammst du von den Affen ab?' 'Bist wohl in den Kakao gefallen?' oder 'Darf ich mal anfassen? Mal sehen, ob du abfärbst.' Für mich als Kind war das furchtbar, und ich schlug auch immer gleich zu. Wie hätte ich mich auch gegen soviel Doofheit wehren sollen?" (Corinna N. 1991; S.179) – oder auch körperliche Übergriffe – „Eines Tages passierte etwas Furchtbares, ich wurde auf dem Schulhof von Zwillingsbrüdern nur wegen meiner Hautfarbe zusammengeschlagen. Die Lehrer sahen zu, schritten aber nicht ein." (Corinna N. 1991; S.179)

In bezug auf die berichteten Erfahrungen in der Schule ist zu bemerken, daß sich die verschiedenen Formen des Rassismus durch Lehrstoff, LehrerInnen oder MitschülerInnen bei den Autorinnen unterschiedlichen Alters kaum voneinander unterscheiden. Die Autorinnen jüngeren Alters sind mit denselben Vorurteilen und Begrifflichkeiten, wie 'Mulatte' oder 'Neger'. konfrontiert worden wie die der Nachkriegsgeneration.

Aufgrund des von der Umgebung ausgedrückten Gefühls der Diskrepanz entsteht ein emotionales Spannungsverhältnis: „Da wir nicht als europäisch wahrgenommen werden, entsteht bei uns dieses Gefühl, anders zu sein." (Oguntoye 1991; S.145)

Dieses Gefühl, anders als alle anderen zu sein, wird häufig zur Abwertung der eigenen Person gewendet. Die Tatsache, daß die Kinder oft anders als der Vater und anders als die Mutter aussehen, erschwert zudem die Entwicklung eines positiven Selbstbildes mit den 'schwarzen' *und* 'weißen' Anteilen. May Opitz sagt dazu: „Als ich geboren wurde, war ich nicht schwarz und nicht weiß. Vor allen Namen, die ich bekam, hieß ich 'Mischlingskind'." (Opitz 1991; S.202)

Da die Umgebung eine *biethnische* Identität kaum akzeptiert, spüren die Kinder, daß sie weder ganz zu dieser noch zu jener Gruppe gehören, was zu Problemen mit dem Gruppenzugehörigkeitsgefühl führt. So kann es zur Internalisierung von Rassismus und zur Selbstverachtung kommen: „Als Kind begegnete ich [...] schwarzen Soldaten, vor denen ich in Angst und Schrecken floh. Diese Furcht zeigt deutlich, daß ich schon sehr früh die Vorurteile und den Rassismus aus meiner Umgebung verinnerlicht haben muß. Schwarz gleich beängstigend, fremd, unheimlich und animalisch. Denn wie ist es sonst zu verstehen, daß ich mein Schwarzsein nicht als solches empfand? [...] Natürlich durfte ich mit schwarz nichts zu tun haben. Aber die Ahnung [...] des Dazugehörens war da! Schwarz gleich nicht existenzberechtigt. Und genauso fühlte ich mich. Immer stand ich in der hintersten Ecke, war scheu und schüchtern [...]." (Emde 1991; S.104)

Als hemmend für die Entwicklung eines positiven Selbstkonzeptes und Selbstwertgefühls kam bis vor kurzem ein sprachlicher Faktor hinzu: „Es gibt [...] keinen selbstverständlichen Namen für uns wie etwa bei Afro-Amerikanern, in Deutschland drucksen alle rum: Mischlinge, Farbige, Mulatten, Schwarze oder Neger" (Opitz 1991; S.159).

Die Autorinnen äußern, daß die Eltern sich nur ungenügend zum Konzept und der Konstruktion von *Rassen* und den Problemen einer *biethnischen* Existenz geäußert haben – „Ich wuchs in dem Gefühl auf [...], beweisen zu müssen, daß ein 'Mischling' ein vollwertiger Mensch ist“ (Opitz 1991; S.207) – den eigenen Rassismus auf die Kinder übertrugen oder sich von den rassistischen Vorurteilen der Umwelt bei der Erziehung der Kinder unter Druck setzen ließen: „Im Wissen um die Vorurteile, die in der weißen deutschen Gesellschaft bestehen, paßten sie [die weißen Pflegeeltern; Anm.d.Verf.] ihre Erziehung unbeabsichtigt diesen Vorurteilen an.“ (Opitz 1991; S.207)

Corinna N. äußert sich ähnlich über die Vorstellungen ihres Schwarzen Vaters hinsichtlich des gesellschaftlichen Verhaltens der Tochter, was zeigt, daß auch er rassistische Zuschreibungen verinnerlicht hat:

„Mein Vater hatte Probleme mit seiner Hautfarbe und fand sich in der deutschen Kultur nicht zurecht. Immer wieder mußte ich mir anhören, daß ich bessere Schulleistungen bringen müßte als die Deutschen, da sie uns nur dadurch anerkennen würden. Für mich war das eine große Belastung [...].“ (Corinna N. 1991; S.185)

In diesem Zusammenhang zitiert May Opitz eine häufige Aussage ihrer Mutter: „Benimm dich schön anständig. Was man von dir denkt, denkt man von allen anderen Menschen mit deiner Hautfarbe.“ (Opitz 1991; S.205)

Vor allem weiße Frauen, die oft selbst rassistisch und sexistisch motivierten Angriffen der Umwelt ausgesetzt sind, weil sie ein Kind von einem Schwarzen Mann haben, sind häufig verstärkt darum bemüht, die Kinder so zu erziehen, daß sie ‘sich anpassen’ und unter keinen Umständen durch ihr Verhalten auffallen. Beleidigungen der Mütter oder Pflegemütter, wie sie Katharina Birkenwald beschreibt, sind üblich:

„Er [der Vater; Anm.d.Verf.] brachte mich zu einer Bekannten [...] Die Leute wußten nicht, daß ich nicht ihr Kind war. Sie wurde von Verwandten und Leuten im Dorf als 'Negerhure' beschimpft.“ (Birkenwald 1991; S.220)

Helga Emde erinnert sich, welche Auswirkungen die Stigmatisierung der Mutter auf sie als Kind hatte: „Meine Mutter hielt sich an einen entsetzlichen Leitspruch: 'Wer A sagt, muß auch B sagen'. Für sie hieß das, daß sie ein schwarzes Kind zur Welt gebracht hatte und nun dafür gerade stehen muß. Praktisch eine Art Selbstbestrafung [...] Ich durfte nirgends auffallen [...].“ (Emde 1991; S.103/104)

Andere häufig auftretende, sozial konstruierte Schwierigkeiten der Eltern basieren auf der Tatsache, daß sie sogenannte 'interethnische' Paare bilden. Das kindliche Gefühl der Isolation und Einsamkeit kann dabei mit der Ablehnung der eigenen Eltern einhergehen. May Opitz beschreibt ihre Gefühle beim Besuch des Vaters:

„Einmal, als mein Vater zu Besuch kam, liefen alle Kinder weg [...] Vielleicht haben wir das Spiel 'wer hat Angst vorm schwarzen Mann!' zu oft gespielt: 'Wenn er aber kommt? – Dann laufen wir'. Vielleicht saß auch die Impfung gegen die schwarzen Lügen, die schwarzen Sünden und den schwarzen Buhmann zu tief. Mein Bruder und ich wären auch gerne weggerannt, aber wir wußten, daß wir das nicht dürfen." (Opitz 1991; S.206)

Nach Teo ist die zweite Stufe der Persönlichkeitsentwicklung afrodeutscher Menschen durch die „Suche um Anerkennung aufgrund der Ambivalenz der Zugehörigkeit", z.B. in der Schule oder in Gemeinschaftssituationen, geprägt. (Teo 1994; S.157) Diese Suche zeichnet sich durch ein Grundproblem aus: „Ich fühlte mich in Afrika als Deutsche, weil ich deutsch nicht mit Hautfarbe in Verbindung gebracht habe [...] Die ersten Reaktionen kamen in Heidelberg, für die weißen Leute in Heidelberg war ich etwas Besonderes. Damals fing ich an, mir Gedanken darüber zu machen, was ich nun eigentlich bin." (Oguntoye 1991; S.155)

Die Konflikte mit der Ambivalenz werden von den Autorinnen in dieser Phase als sehr dominant geschildert. Ein Grund dafür ergibt sich aus der Analyse des Begriffes von Rassismus als „[...] die verallgemeinerte und verabsolutierte Wertung tatsächlicher oder fiktiver Unterschiede zum Vorteil des Anklägers und Nachteil seines Opfers, mit der seine Privilegien oder seine Aggressionen gerechtfertigt werden sollen." (Memmi 1987; S.103)

Die *biethnische* Frau hat offenbar nur die Wahl zwischen Anklägerin und Opfer. „Als potentiell Ausgegrenzter der jeweiligen Teilkultur wird [...] [der 'biethnische' Mensch; Anm.d.Verf.] zum Subjekt und Objekt des Rassismus gleichzeitig." (Teo 1994; S.157)

Oft folgt daraus die Ablehnung, Abwertung bzw. Verdrängung der Anteile, welche von der weißen Mehrheitsgesellschaft als minderwertig definiert werden und der Wunsch 'weiß' zu sein, um nicht mehr aufzufallen: „Traurig ist dann, wenn kind sich zu schwarz und zu häßlich findet. Entsetzen, wenn die Mama kind nicht weiß waschen will. Warum nicht? Es wäre doch alles viel einfacher. Auch die anderen Kinder würden nicht 'Neger' oder 'Negerkuß' rufen. Kind bräuchte sich nicht mehr zu schämen und besonders ordentlich oder artig zu benehmen.“ (Opitz 1991; S.204)

Helga Emde bringt die Wirkung des internalisierten Rassismus auf den Punkt: „Der weiße Mensch ist schön, edel und perfekt. Der schwarze Mensch ist minderwertig. Also versuchte ich so weiß wie möglich zu sein.“ (Emde 1991; S.105)

Der Wunsch, weiß zu sein, ist häufig mit dem Bedürfnis verbunden, nicht mehr auffallen zu müssen: „Früher hatte ich den Wunsch, mich als 'normal' weiß zu empfinden so stark, daß ich einfach getan habe, als sei das so. Dieses Bedürfnis, mich anpassen zu wollen, ist immer noch unterschwellig bei mir drin.“ (Oguntoye 1991; S.156)

Infolge des Wunsches, nicht aufzufallen oder weiß zu sein, wird oft auch der Kontakt zu Schwarzen Menschen gemieden, was das Gefühl der Isolation noch verstärkt: „Nach wie vor hatte ich keinen Kontakt zu Schwarzen, weil ich mein Schwarzsein am liebsten verleugnet hätte.“ (Emde 1991; S.107)

Bei Mädchen und Frauen kommt die Dominanz des weißen Schönheitsideals noch mehr zum Tragen: „Ab etwa meinem 13. Lebensjahr begann ich, mein 'Roßhaar' zu entkrausen, damit es glatt würde, wie das von mir so bewunderte Haar der Weißen. [...] Meine Lippen kniff ich zusammen, damit sie weniger 'wulstig' wirkten.“ (Emde 1991; S.105)

Das Klischeebild der ‘exotischen Schönheit’ oder ‘schönen Mulattin’ mit den dazugehörigen stereotypen Zuschreibungen wird als weiterer Grund genannt, sich als Frau mit dunklerer Hautfarbe abzulehnen:

„Meine Ängste vorm Schwarzsein und vor Männern waren tief in mich eingepflanzt. Mein Dasein in der männlichen Welt empfand ich oft als einziges Spießrutenlaufen. Ich erinnere mich an einen Spaziergang [...] Kaum gingen wir an irgendwelchen Arbeitern vorbei, kamen sofort Bemerkungen: 'Die Schwarze, die will ich'. Ich fühlte mich verletzt und gedemütigt und noch jetzt, wenn ich es aufschreibe, verspüre ich Wut und Haß auf diese Männer, die mich lediglich als wandelndes Sexualobjekt betrachteten.“ (Emde 1991; S.106)

Neben der Selbstablehnung entstehen andere komplexe Widersprüche: „Ich habe mich dagegen gewehrt, in eine bestimmte Schublade gesteckt zu werden, und gleichzeitig fühlte ich mich schlecht dabei, weil ich mich damit auch von afrikanisch aussehenden Frauen abgegrenzt habe. Afrikanerinnen fallen aus dem europäischen Schönheitsideal raus; für sie gibt es nur die Rolle der 'exotischen Schönheit'. Und so wollte ich nicht gesehen werden. Richtig in Wut bringt mich dabei, daß es mir in dieser Gesellschaft so schwer gemacht wird, Afrikanerinnen schön zu finden. Es gibt keine Worte, mit denen ich ohne diese ungleich bewerteten Ideale afrikanisches Aussehen bei Afrikanerinnen und auch bei mir beschreiben kann. – Nicht meine braune Haut gilt als schön, sondern meine hellbraune Haut [...].“ (Oguntoye 1991; S.145/146)

Die Tendenzen der Selbstablehnung verstärken sich, wenn neben den negativen Bildern von Schwarzen oder farbigen Frauen, die des europäischen Schönheitsideals – die schlanke, junge Frau – verinnerlicht werden: „Aus dieser Zeit behielt ich die Angst vor dem Alt- und Dickwerden; später noch verstärkt durch das Klischee der 'schwarzen dicken Mammi', die mir in manchen Spielfilmen als Mahnbild des Schreckens vorgeführt wurde.“ (Opitz 1991; S.203)

Neben dem Wunsch, weiß zu sein, bzw. den Mechanismen der Selbstablehnung, beschreiben die Autorinnen das Bedürfnis, nicht nach der Andersartigkeit befragt, sondern ohne Hinweis auf die Herkunft akzeptiert zu werden: „Ich erlebe oft, daß die Leute ihre Erwartungen über das stellen, was ich ihnen sage. Wenn ich erzähle, daß ich hier aufgewachsen bin und mein ganzes Leben hier verbracht habe, kann es dennoch sein, daß hinterher die Frage kommt: 'Ja und wann gehen sie zurück?'.“ (Opitz 1991; S.150)

Oft ist ein bestimmtes Bild, das das weiße gesellschaftliche Umfeld von Afrika und den Menschen dort hat, der vorrangige Grund für das Interesse an afro-deutschen Frauen. Exotistische Wunschbilder werden auf afrikanisch aussehende Frauen übertragen.

„Viele Leute setzen voraus, daß ich einen besonderen Bezug zu Afrika habe [...] Sie erzählen mir, daß sie in Afrika waren, einen Trommelworkshop gemacht haben und es faszinierend finden, wie Afrikaner tanzen ... [...] Wenn sie dann tatsächlich merken, daß ich keine afrikanische Sprache spreche und nicht afrikanisch tanzen kann, läßt das Interesse schnell nach [...].“ (Opitz 1991; S.149)

Dieser ‘Besonderenstatus’ mit projizierten Erwartungen – auch wenn eine Idealisierung dahinter steht – wird als Belastung empfunden:

„Ich finde das [...] immer sehr nervend, egal wo ich hingehe, weiß ich genau, jetzt wirst du gleich von irgendeinem Typen angesprochen, besonders auf Feten: 'Ja, wo kommst du denn her?'.“ (Opitz 1991; S.151)

Aus den Texten wird jedoch auch deutlich, daß die Frauen nach und nach beginnen, *biethnische* Begriffe zu verwenden, die Herkunft ihrer Eltern berücksichtigen und so versuchen, ihr Selbstbild zu stärken: „Ich habe [...] eine dunkle Hautfarbe, bin aber Deutsche. Das glaubt mir niemand ohne weiteres.“ (Emde 1991; S.111)

Die Autorinnen berichten, daß sie zudem in dieser Phase begannen, mit den verschiedenen Seiten ihrer Herkunft zu experimentieren, z.B. in das ihnen fremde Land des einen Elternteils zu fahren oder Kontakt zu anderen *biethnischen* Menschen aufzunehmen. In der BRD kommen diese Impulse häufig von der Umwelt und tragen zu dem Gefühl bei, eine Ausnahme zu sein und ausgegrenzt zu werden: „Eine Zeitlang sagten alle, daß ich nach Afrika zu meinem Vater gehöre [...] Ich fühlte mich richtig ausgegrenzt und merkte die Unterschiede zu Afrikanern – ich spreche ihre Sprache nicht, kenne vieles aus der Kultur nicht oder lehne es ab.“ (Opitz 1991; S.156)

Als Begründung für das Vorhaben zu reisen wird noch ein anderes Motiv genannt, als das des Experimentierens: „Endlich einmal untertauchen, endlich mal nicht die Ausnahme sein“ (Oguntoye 1991; S.159). Oft ist der Wunsch, in ein anderes Land zu gehen, auch durch Leidenserfahrungen verstärkt: „Ich dachte, ich kann nie einfach mal ich sein, ich laufe immer mit dieser Hautfarbe rum. Damals hat mich die Vorstellung von einem Land wie Brasilien, wo die Bevölkerung gemischt ist, beruhigt; dort könnte ich, ohne besonders aufzufallen, aufgenommen werden. Das hat mir ein Gefühl von Internationalität gegeben.“ (Opitz 1991; S.153)

Die sehr sehr assoziativ und subjektiv geschriebenen Tagebuchaufzeichnungen von Corinna N., die ihre Erlebnisse als Jugendliche auf *Trebe* erzählt – mehrere gescheiterte Versuche, nach Brasilien zu gelangen), verdeutlichen die Sehnsucht, zu verschwinden, ganz woanders zu sein, unterzutauchen: „Beim dritten Versuch wird es klappen, nach Brasilien zu kommen – oder Amerika, denke ich beim einschlafen und träume, wie ich mich im Urwald von Liane zu Liane schwinge. Vielleicht gehe ich auch nach Amerika und mache eine Revolution." (Corinna N. 1991; S.183)

Die Autorin schildert das Problem, daß sich Reisen in das Herkunftsland des Schwarzen Elternteils, aufgrund der *biethnischen* Herkunft, auch als schwierig erweisen können: „In [...] Momenten war ich glücklich, vom Vater als Äthiopier anerkannt zu werden und wußte gleichzeitig, daß ich es nie erreichen würde, weil ich seine Muttersprache nicht beherrschte. Wie habe ich mich selbst dafür gehaßt, Mulatte zu sein, ein Ausländer für den eigenen Vater und ein Ausländer für seine deutsche Umgebung. Wegen der Hautfarbe, sonst unterschied man sich ja nicht." (Corinna N. 1991; S.183)

Das Gefühl, nirgendwo hin zu gehören, drückt Corinna N. sehr prägnant aus: „Wenn ich mit Afrikanern zusammen war, litt ich ab und zu darunter, Mulattin zu sein, hatte das Gefühl, zwischen zwei Stühlen zu sitzen. Ich konnte nie zu der einen und nie zu der anderen Seite gehören." (Corinna N. 1991; S.183)

May Opitz beschreibt dieses Gefühl poetischer: „Der Traum vom 'Weißsein' ist am ungenügenden Willen meiner Eltern und der mangelnden Waschkraft von Seife gescheitert. Selbst Seife essen hat überhaupt nichts bewirkt. Der Traum vom 'Schwarzsein' ist an der leibhaftigen Erscheinung meines afrikanischen Vaters gescheitert. Zuvor mein Geheimnis: Wenn ich mal groß bin, gehe ich nach Afrika. Dort sehen alle aus wie ich." (Opitz 1991; S.205)

Neben dem Traum vom Weißsein oder dem Wunsch, in ein anderes Land zu gehen, wo die Hautfarbe nicht auffällt, kann es auch zur „'Überidentifikation' mit den positiven Stereotypen von besonderer Intelligenz, Schönheit und Exotik und zu Idealisierungen mit der dominierten Kultur [...]" kommen (Teo 1994; S.159). Einige Autorinnen, wie Corinna N., die einige Zeit mit ihrem Vater in Äthiopien verbracht hatte, beschreiben diese Auseinandersetzung als Möglichkeit zur Weiterentwicklung: „[...] ich kam davon ab, alles, was schwarz ist, auf den Sockel zu heben [...] Ich will nicht nur die Hautfarbe sehen, sondern was einen Menschen ausmacht." (Corinna N. 1991; S.187)

Ein weiterer Aspekt der Ambivalenz bezieht sich auf das ‘Vereinnahmt-Werden’, beispielsweise durch sogenannte ‘ethnische Minderheiten’: „Zu dem Beurteilt- und Vereinnahmt-Werden gehört auch, daß mir z.B. die Türken ihr Leid über die Deutschen klagen und mich überhaupt nicht als Deutsche sehen. Ich kann ihre Schwierigkeiten zwar verstehen, gehöre aber dennoch nicht zu ihnen.“ (Opitz 1991; S.153)

Zu dem Phänomen der Vereinnahmung zählen auch die Projektionen von weißen Deutschen auf ein ‘farbiges Gesicht’, um die Urlaubserlebnisse ein wenig aufzufrischen: „Ich werde auch schnell zugeordnet: nach Nordafrika, nach Südafrika, nach Argentinien oder Hawaii oder Indien – je nachdem, wo die Leute gerade in Urlaub waren und dann meinen, daß ich für dort besonders typisch wäre.“ (Opitz 1991; S.152)

Die Autorinnen äußern häufig, daß es ihnen aufgrund des völkischen und monokulturellen Selbstverständnisses der BRD, nach dem ‘Deutsch-Sein’ quasi ‘ethnisch’ verstanden wird, schwer fällt, sich die BRD als Heimat vorzustellen: „Ich habe ab und zu das Gefühl, nirgendwo hinzugehören; andererseits bin ich hier aufgewachsen, spreche diese Sprache [...] und kann mich ausdrücken, wie ich es will. Ich teile den Lebenshintergrund mit diesen Leuten hier, auch wenn sie mich nicht akzeptieren. 'Ja, ich bin deutsch' ‚sage ich vielleicht schon aus Trotz, um sie in ihrem Schwarz-Weiß-Denken zu verunsichern.“ (Opitz 1991; S.150)

Nach Kich beginnt die dritte Stufe der Persönlichkeitsentwicklung *biethnischer* Menschen mit der späten Adoleszenz bzw. während des Studiums oder der Arbeit. Diese Phase ist durch *Selbstakzeptanz und Anerkennung der 'biethnischen' Identität* gekennzeichnet.

„Die Hauptleistung einer solchen Identität ist erbracht, wenn die 'biethnische' Person fähig ist, eine adäquate Selbstdefinition zu entwikkeln, die sich nicht den Vorstellungen anderer und den gängigen Stereotypen unterwirft, und wenn die 'biethnische' konstruierte Realität in der 'biethnischen' Identität angenommen ist.“ (Teo 1994; S.160)

Helga Emde schreibt dazu: „Erst in letzter Zeit ist es mir gelungen, in meine eigene braune Haut zu schlüpfen und mich zu meinem Schwarzsein zu bekennen [...] Ich kann meine weißen wie auch meine schwarzen Anteile akzeptieren und empfinde darin keinen Bruch.“ (Emde 1991; S.112)

Ein stabiles positives Selbstbild ist dann erreicht, wenn das Selbstwertgefühl von der eigenen Einschätzung abhängt und nicht mehr von der Beurteilung des sozialen und gesellschaftlichen Umfeldes. Die Autorinnen äußern sich über ihre Selbstdefinition unterschiedlich, da sie jeweils den verschiedenen persönlichen Bedürfnissen und Situationen angepaßt ist.

Corinna N.: „Jetzt bekenne ich mich zum Deutschsein, da ja die Kultur zählt, in der man aufgewachsen ist [...].“ (Corinna N. 1991; S.183)

Katharina Oguntoye: „Ich hatte auch afro-tschechische und englische Cousins. Aus diesem Zusammenhang heraus bin ich allmählich davon abgekommen, mich als Deutsche fühlen zu wollen, sondern als Afro-Europäerin.“ (Oguntoye 1991; S.156)

May Opitz: „Ich bekenne mich dazu, daß ich anders aussehe, vielleicht mich auch anders bewege, auch aufgrund meiner Herkunft und der dadurch bedingten Lebenssituation in mancher Hinsicht anders denke oder anders fühle, aber ich möchte nicht in eine schwarze oder weiße Schublade gesteckt werden.“ (Opitz 1991; S.156)

Bei Frauen kommt ein Prozeß der Lösung von stereotypen ‘Weiblichkeitsentwürfen’ und Rollenvorstellungen hinzu. Zur Selbstakzeptanz gehört auch die Befreiung von dem weißen, weiblichen Schönheitsideal:„Inzwischen würde ich sogar ganz gern 'ne breitere Nase haben. Ich finde breite Nasen total super“ und „Jetzt wäre ich gern schwarz, einfach so.“ (Opitz 1991; S.146 und 156)

Die Frauen realisieren, daß die Gesellschaft ‘Schwierigkeiten’ mit dem Thema und der sozialen Konstruktion der ‘Rasse’ und des Rassismus hat und nicht alle Menschen, die Unverständnis gegenüber diesem Thema zeigen, negativ zu bewerten sind.

„In dem Moment, als ich zu mir 'ja' sagen konnte, ohne den geheimen Wunsch der Verwandlung, war die Möglichkeit gegeben, die Brüche in mir und meiner Umgebung zu erkennen, zu verarbeiten und aus ihnen zu lernen.“ (Opitz 1991; S.207)

Marion Kraft sieht, bezogen auf das feministische Bewußtsein afrodeutscher Frauen, offensive Möglichkeiten in einer *biethnischen* Identität: „Sie begreifen ein zweifaches kulturelles Erbe nicht länger als Mangel, sondern als Chance und Herausforderung, unterschiedliche Erfahrungen von Frau-Sein, kultureller Identität und feministischer Ästhetik kreativ zu nutzen." (Kraft 1988; S.144)

Hinsichtlich der Entwicklung eines positiven Selbstkonzeptes läßt sich strukturell – und unter Auslassung des historischen Herangehens – im erweiterten Sinne auch Alice Walkers Ansatz zur Beschreibung der verschiedenen Emanzipationsgrade Schwarzer Frauen von *suspended women* über *assimilated women* zu *emergent women* an den autobiographischen Texten afro-deutscher Frauen nachweisen. Alice Walker sieht einen Zusammenhang zwischen der politischen Bewegung Schwarzer Frauen und der *emergent woman*, d.h. der auftauchenden, selbstbewußten Schwarzen Frau, die ein positives Eigenbild entwickelt hat. „Die 'emergent women' schließlich sind Frauen, denen die politischen Bewegungen der sechziger Jahre neue Lebensmöglichkeiten eröffnet haben [...]." (Koenen 1985; S.13)

Das bedeutet, daß sich Schwarze Frauen über die politische Organisierung als gesellschaftliche Gruppe mit spezifischen Erfahrungen, Lebensbedingungen und Forderungen sichtbar machen können. Sichtbarkeit ist für die Eigendefinition und ein positives Selbstbild wichtig und kann die Entfaltung eines kreativ-künstlerischen Potentials fördern.

Geschichtsschreibung aus der Perspektive afro-deutscher Autorinnen

Literatur beinhaltet die Möglichkeit, den afrikanischen Teil der kulturellen Herkunft und die Geschichte anderer Schwarzer Menschen zu rekonstruieren und sichtbar zu machen, um der herrschenden Geschichtsschreibung ein realitätsorientiertes, komplexes Bild vom Leben Schwarzer Menschen in Vergangenheit und Gegenwart entgegenzustellen. Das bedeutet die *blinden Flecken* zu füllen, stereotypisierte Vorstellungen von Schwarzen Menschen und Afrika zu zerschlagen und positive Identifikationsfiguren zu suchen, um Anhaltspunkte für eine andere, eine Gegen-Geschichte zu finden, die Schwarze Frauen als Subjekte erscheinen läßt, nicht als Objekte der herrschenden Geschichtsschreibung.

Die afro-amerikanische Literatur ist für viele afro-deutsche Autorinnen, trotz der beschriebenen unterschiedlichen thematischen Gewichtung, eine der wichtigsten Orientierungspunkte. Katharina Birkenwald antwortet auf die Frage, wie sie dazu gekommen sei zu schreiben: „Ich habe immer afro-amerikanische Literatur gelesen, die ich in Bibliotheken entdeckt habe [...] In der 10. Klasse habe ich für meine Abschlußarbeit all meine Gedanken zusammengefaßt, die ich gelesen hatte [...] Sie haben mir eine Eins für die Arbeit gegeben [...] durch die afro-amerikanische und afrikanische Literatur konnte ich mich wenigstens definieren." (Birkenwald 1991; S.217-218)

Besonders deutlich wird der Bezug zu afro-amerikanischen Schriftstellerinnen in den letzten Versen von May Ayims *soul sister*, einem Gedicht, das der schon mehrmals erwähnten Dichterin Audre Lorde gewidmet ist.

„[...]
ihr wirken lebt weiter
in ihren werken
unsere visionen
tragen erfahrungen
ihrer worte"
(Ayim 1995; S.57)

Andere Gedichte von May Ayim handeln von Schwarzen Menschen oder people of color, die für ihre Rechte und ein schwarzes Bewußtsein gekämpft haben oder es immer noch tun. Beispiele sind *die zeit danach*, in Erinnerung an Martin Luther King, oder *community*, worin auf eine Vielzahl von Identifikationsfiguren mit unterschiedlichen politischen Zielsetzungen hingewiesen wird. Dazu gehören, auch unter weißen Linken bekannt gewordene, FreiheitskämpferInnen, wie beispielsweise Sojourner Truth, Malcom X, Steven Biko, Mahatma Ghandi, Rigoberta Menchu und Marcus Garvey. Die Afro-Amerikanerin Sojourner Truth war eine berühmte Wanderpredigerin und Rednerin, engagierte sich sehr in der Antisklaverei-Bewegung und hat mit ihrer Kritik konstruktiven Einfluß auf die Frauenrechtsbewegung genommen. Malcom X wurde wurde Anfang der 50er Jahre Anhänger der *Nation Of Islam*, einer Organisation der *Black Muslims*. 1963 gründete er seinen eigenen Zusammenschluß, die *Organization Of Afro-Amerikan Unity*. 1964 reiste er zu einer Pilgerfahrt nach Mekka und nannte sich von da an El-Hadji Malik El-Shabbazz. Er wurde am 21.2.1965 erschossen.

Der Schwarze Südafrikaner Steven Biko wurde 1946 geboren. Er ist Begründer und führender Theoretiker des *Black Consciousness Movement* (BCM) Südafrikas, das sich gründete, um der Unterdrückung durch die weiße Herrschaft unbeugsames, schwarzes Bewußtsein entgegenzusetzen. Biko wurde aufgrund seines Engagements im Befreiungskampf inhaftiert und 1977 während eines Gefängnistransportes ermordet. Mahatma Gandhi und sein gewaltloser Widerstand ist spätestens seit der Verfilmung seiner Lebensgeschichte, mit Ben Kingsley in der Hauptrolle, weitreichend bekannt. Die indigene Guatemaltekin Rigoberta Menchu kämpfte in der Volksbewegung der Campesinos (CUC) für die Rechte der verarmten indigenen Bevölkerung Guatemalas. Sie mußte 1981 nach Mexiko fliehen, wo sie die politische Arbeit gegen das herrschende Regime aufnahm. 1992 erhielt sie den Friedensnobelpreis. Marcus Garvey wurde 1887 in Jamaica geboren. 1914 gründete er die *Universal Negro Improvement Assoziation* (UNIA) zur Verbesserung der Situation von Menschen schwarzer Herkunft. Er vertrat die Überzeugung, daß alle Schwarzen eine Nation bilden, egal ob sie auf dem Kontinent Afrika oder in der Diaspora leben. Garvey proklamierte die Rückkehr von Schwarzen aus den USA und der Karibik nach Afrika[29] . Der Name Anton Wilhelm Amo dürfte dagegen weniger bekannt sein. Er wird als Identifikationsfigur genannt, weil Amo ein Schwarzer Student aus Ghana war, der zu Beginn des 18. Jahrhunderts als sogenanntes 'Mitbringsel' für einen Herzog nach Deutschland kam. Er studierte als erster Afrikaner bzw. Afro-Deutscher an der Universität Halle und promovierte 1729 mit einer juristischen Arbeit über Schwarze in Europa. Die Arbeit wurde unter dem lateinischen Titel *de jure mauro in Europa* veröffentlicht. Bis zu seiner Rückkehr nach Ghana 1743, aufgrund der Verfolgungen durch Rassenideologen, lehrte er als Dozent an den Universitäten Halle, Wittenberg und Jena. In Ghana

---

29 Angaben zu den Personen teilweise übernommen aus: Ayim, May: *blues in schwarz-weiß*, Berlin 1995; S.131-135)

wurde er von Sklavenhändlern umgebracht. (vgl. Oguntoye/ Opitz Schultz 1991; S.18)

In Ayims Vision von einer weltweiten community kommen auch Frauen vor, die den meisten weißen Menschen kaum ein Begriff sind. Yaa Asantewa, die Anführerin des letzten Aufstands der Aschanti gegen die britischen Kolonialherren in Ghana, gehört ebenso dazu wie Titewhai Harawira, Kämpferin für das Recht auf eine eigene Sprache und Kultur der Maori in Neuseeland. Sie setzt sich auch gegen die atomaren Versuche im Pazifik ein. (vgl. Ayim 1995; S.131-133) Mit der Erwähnung von Ana Herrero-Vilamor und Yoliswa Ngidi, zwei jungen Frauen der schwarzen deutschen community, die in der BRD umgekommen sind, zeigt sich May Ayim solidarisch mit allen Schwarzen Menschen, die Widerstand leisten und gegen ihre Unterdrückung kämpfen, wobei es unwichtig ist, ob sie einen 'großen' Namen tragen oder unbekannt sind. Dieses politische Selbstverständnis wird an den einleitenden Worten zu *blues in schwarz-weiß* deutlich, die sie Yoliswa Ngidi widmet:

„für Yoliswa
und die vielen die oft
alleine kämpfen
und unbemerkt
sterben
die selten gefeiert werden
und doch unvergeßlich
bleiben"
(Ayim 1995)

Die kritische Auseinandersetzung mit dem Leben in einer dominierenden weißen Gesellschaft und der deutschen Staatspolitik ist eine weitere Variante des Versuchs, eine Gegen-Geschichte zu schreiben. Die autobiographischen Texte zeigen, daß alle Autorinnen die persönlichen Erfahrungen von Rassismus, Sexismus, der Ortlosigkeit, Zerrissenheit, des Ausgegrenztseins und der Isolation als prägend für ihre Sozialisation beschreiben. Deshalb werden diese Themen oft in Gedichten verarbeitet, die von radikaler Subjektivität gekennzeichnet sind. Ein Gedicht ohne Titel von Katharina Birkenwald verdeutlicht mit dem Tenor von lyrischer Tragik die Gefühle von Ortlosikkeit und Schuld:

„wo aber soll ich sterben mutter
in des zufalls heimen dunkel
irrenden pfaden des tam tams
verhöhnten klängen neugieriger
sensationsblätter in lautren
pflastergeplärrs berlins

wo aber soll ich sterben mutter
ob berlin etwa paris nirgends
ein baum deiner hände freude deutet
in trüben sommern schweißperlen
gerillen unter fremden dächern

wo aber soll ich sterben mutter
wie judas irr ich umher und starb
tausendmal in farbigen lüften
des einen stroms der liebe speit
und ich wurd verlacht in meiner
ohnmacht die spiegel auch ward
ihrer menschengeschwister
versteckte tränen in einsamen nächten
(aus: *Farbe bekennen*, Birkenwald, Katharina 1991; S.230)

Helga Emde beschreibt in *Der Schrei* ihre Erfahrungen mit den Mechanismen der Ausgrenzung und der Kopplung von Rassismus und Sexismus, die sich durch ihr ganzes Leben ziehen, sehr konkret:

„weil armut erfinderisch macht, hatte ich immer sachen zum spielen.
und dann freunde
viele
scharenweise.
sie spielten mit meinen sachen und machten sie kaputt.
liefen weg. und ich war wieder alleine.
warum?

laßt mich mit!
ich möchte zu euch gehören. aber sie waren einfach weg.
Sarottimohr, Mohrenkopf.

warum schämt ihr euch?
warum beleidigt ihr mich?
warum quält ihr mich?
Nigger.

laßt mich wie ihr sein.
schaut, ich mache mein haar glatt,
meine lippen schmal und kleide mich hübsch.
Exotin.

ich bin ein mensch, ein weibliches wesen, versteht ihr mich nicht?
Sex.
ihr macht mich ungleichwertig.
hausfrau und mutter.
neinnnnn. bitte, versteht mich denn niemand.
Doch.
wir alle. aber bleibe wie du bist und verändere dich nicht.
nein, keine bildung, wo bleiben sonst wir???
aber versteht mich doch, ich will gleichwertig sein.
aber doch bitte nicht wie wir!
du gehörst nicht zu uns.
HILFE sie wollen mich steinigen und fast schaffen sie es.
(aus *Farbe bekennen* 1991; Emde, Helga; S.113)

Die Erzählstruktur des Gedichtes erscheint wie ein Dialog zwischen der Autorin und allen weißen Bezugspersonen, die in ihrem Leben prägend waren, wobei auffällt, daß ihre Stimme sehr eindringlich werden muß, um sich überhaupt Gehör zu verschaffen, und ihre Fragen mit einem sie abwertenden Schlagwort weggefegt werden.

Auch May Ayim thematisiert in *entfernte verbindungen* Ortlosigkeit, Ausgrenzung und Zerrissenheit. Ihr Gedicht endet jedoch mit der Hoffnung, der Vision, die einander entgegengesetzt erscheinenden Anteile („die hände meiner mutter sind weiß ... die hände meines vaters ... sind schwarz ...“) verbinden zu können:

„entfernte verbindungen
verbundene entfernungen
zwischen kontinenten
daheim unterwegs

ich weiß
in augenblicken erinnerungen
ich weiß
in händen den horizont
lebendig
(aus: *entfernte verbindungen*" 1993; S.15/16)

Neben den sehr subjektiven und lyrischen Beschreibungen zur Wirkung von ausgrenzenden sozialen und gesellschaftlichen Strukturen fallen Essays und Gedichte auf, in denen eine politische Auseinandersetzung mit den Mechanismen der Ausgrenzung und Vereinnahmung geführt wird. Dazu gehört die Thematisierung der Kontinuitäten des Kolonialismus. Beispiele sind in den Bänden 23 und 27 der *Beiträge zur feministischen Theorie und Praxis* von 1988 und 1990 mit den Titeln *Modernisierung der Ungleichheit* und *Geteilter Feminismus* enthalten. Neben Aufsätzen und Essays zu den genannten Themen finden sich dort auch einige lyrische Texte bzw. Texte mit lyrischen Elementen von afro-deutschen Autorinnen, wie Helga Emde und Eva von Pirch. Diese Texte heißen *Europa-Afrika Studien* (von Pirch 1988; S.138), *Was habe ich mit Afrika zu tun?* (von Pirch 1988; S.147), *Der Tanz* (Emde 1988; S.148) und *Veränderungen* (Emde 1990; S.58). Alle thematisieren die Kontinuität kolonialen Denkens und Handelns oder die koloniale Terminologie, v.a. bezogen auf den weißen feministischen Diskurs. Neuere Textsammlungen sind *Entfernte Verbindungen* von 1993 und *Schwarze Frauen der Welt* von 1994. Beide Veröffentlichungen bilden das Ergebnis von Arbeitsgruppen zu den Themen Rassismus, Antisemitismus, Klassenunterdrückung in *Entfernte Verbindungen* und Europa und Migration in *Schwarze Frauen der Welt*. Die verschlechterten Lebensbedingungen für Women of Color und der verschärfte Rassismus seit der deutschen Einheit und den politischen Bestrebungen zu einem geeinten Europa sind Schwerpunkte dieser Veröffentlichungen. Vor allem die deutsche Einheit wird in den Vordergrund gestellt. Aus der Perspektive afro-deutscher Autorinnen betrachtet, erscheint das vielumjubelte Ereignis in einen anderen Licht.

Die persönlichen und politischen Folgen für afro-deutsche Menschen aus beiden Teilen der Republik sind, neben verschärftem Rassismus, zunehmendes völkisches, nationalistisches Denken und verstärkte Ausgrenzungstendenzen seitens des Staates und der weißen Mehrheitsbevölkerung. Bezüglich der persönlichen Folgen für Schwarze Menschen schreibt Thomas Teo: „Seit der deutschen Vereinigung sind die Umstände noch widriger geworden, um die eigene biethnische Identität anzuerkennen. Und es geht nicht mehr nur um Identität, sondern um Überlebensfragen, nicht mehr nur um Kraft und Selbstvertrauen, sondern um physische Existenz, Dimensionen, die in den letzten Jahren die Bundesrepublik zum realen Alptraum für alle vom Rassismus Betroffenen gemacht haben.“ (Teo 1994; S.162)

Beispiele für die schreibende Auseinandersetzung mit den Auswirkungen des 'Großdeutschen Ereignisses' sind die essayistischen Texte *Begegnungen mit Grenzen* von Ika Hügel (Hügel 1990; S.93), *Rassismus und Verdrängung im vereinten Deutschland* (Ayim 1994; S.29-35) und *Das Jahr 1990 – Heimat und Einheit aus afro-deutscher Perspektive* (Ayim 1993; S.206-220).

Der letztgenannte Text ist eine Art Collage, in der zum einen die Trennung zwischen der Beschreibung persönlicher Erfahrungen und politischer Ereignisse aufgehoben ist, zum anderen lyrische, poetische und prosaische Elemente miteinander verbunden sind. Weiterhin wurden Erinnerungen, politische Analysen, Träume, persönliche Wahrnehmungen, Zitate und metaphorische Darstellungen ineinander verflochten, so daß eine sehr komplexe literarische Darstellung der subjektiven (inneren) und objektiven (äußeren) Wirkungen des politischen Ereignisses entsteht.

Der Text beginnt mit einem Rückblick auf das Jahr des Mauerfalls, wobei die Autorin ihre persönliche Situation zu jener Zeit beschreibt. Die Berliner Mauer und ihr Fallen 1989 werden zu einer häufig verwendeten Metapher für den neu einsetzenden Verdrängungsmechanismus der gemeinsamen ost- und westdeutschen Vergangenheit – Faschismus und Kolonialismus – und die Bedeutung von Grenzen in diesem Zusammenhang. May Ayim schreibt: „Mir scheint, die Mauer zwischen den beiden deutschen Staaten warf ihre steinigen Schatten weit voraus, bevor sie zerfiel, und zwar direkt in die Köpfe derer, die sich mit ihr umgeben, geschmückt und abgefunden hatten – in unsere Ost-Westgehirne." (S.206)

Was zuvor durch die reale Existenz der Mauer verdrängt wurde, wird nun, bildlich gesehen, durch die Steine in den Gehirnen der Menschen verdrängt. Die Autorin bemerkt ironisch: „Die DDR wurde links liegen gelassen." Begriffe wie Heimat, Volk und Vaterland werden im 'Einheitstaumel' wieder salonfähig. „Die weißen, christlich-deutsch-kollektiven Schuldkomplexe hatten sich scheinbar über Nacht in Luft aufgelöst und dabei die Gegenwart von der Vergangenheit gerissen." (S.207)

Für alle nicht-weißen, nicht-christlich sozialisierten Menschen bedeutete der Mauerfall das Entstehen einer schärferen Grenze. Sie blieben von der 'Wiedersehensfreude' ausgeschlossen. Für sie verlief die Grenze nie an der Berliner Mauer, sondern an den Mauern in den Köpfen der Menschen. Es wurde die rhetorische Frage gestellt: „Wer umarmte sich da in deutsch-deutscher Vereinigung, und wer wurde umarmt, vereinnahmt, verstoßen? – Wer zum ersten Mal, wer schon wieder, wer schon immer?" (S.207).

May Ayim stellt fest, daß im deutschtümelnden Kontext der 'Wiedervereinigung' die Begriffe Heimat und Vaterland für sie als Afro-Deutsche nicht gelten und auch der Mauerfall keine Befreiung, sondern eine Bedrohung darstellt: „Mein Vaterland ist Ghana, meine Muttersprache ist Deutsch, die Heimat trage ich in den Schuhen. Als die Mauer fiel, hatte ich zeitweilig die Befürchtung, erschlagen zu werden." (S.207)

Sie beschreibt, wie Erinnerungen an Erfahrungen von Rassismus, Isolation und Ausgrenzung wieder deutlich werden, die lange Zeit in „Berlin, dieser anonymen Stadt mit internationalem Gesicht" verblichen waren. „Beim Fall der Mauer und in der Zeit danach fielen sie jedoch, wie aus einer verstaubten Schublade, zurück in meinen Alltag." (S.208)

Es folgt die Beschreibung der persönlichen und politischen Konsequenzen der 'Wiedervereinigung' für ImmigantInnen, JüdInnen und Afro-Deutsche. Dazu gehören die Verschärfung der Asylgesetzgebung, zunehmend rassistisch motivierte Angriffe auf Schwarze Menschen und wieder aufflammender Antisemitismus. Die Autorin weist weiter darauf hin, daß die 'Wiedervereinigung' in kolonialistischer Kontinuität steht, sowohl in Hinsicht auf die Auslöschung aller sozialistischen Institutionen der DDR als auch in der Wiederzunahme der Selbstverständlichkeit rassistischer Terminologie: „Die Umbenennung der Ostberliner U-Bahnstation 'Thälmannstraße' in 'Mohrenstraße' ist ein sicheres Zeichen, daß auch in den obersten weißen Rängen der neuen Republik rassistische Sprache und entsprechendes Denken geduldet und tradiert werden. Das zeigt sich auch in der bisher unhinterfragten Beibehaltung von Straßennamen und Denkmälern im Westteil Deutschlands, durch die Kolonialisten noch immer glorifiziert und Kolonialisierte weiter gedemütigt werden." (S.215)

Als Folge der 'Wiedervereinigung' sieht May Ayim in bezug auf Rassismus und Eurozentrismus auch regressive Tendenzen in der Linken und in der weißen Frauenbewegung. Eingefügt in den Text sind mehrere Gedichte. *Afro-Deutsch I* beschreibt einen Dialog zwischen einem weißen und einem afro-deutschen Menschen.

Die Fragen und Kommentare des weißen Deutschen, vermeintlich progressiv und aufgeklärt, bestehen aus einer Aufzählung der typischen, offenen oder subtilen, rassistischen Klischees und Begrifflichkeiten gegenüber Afro-Deutschen:

„[...] Sie sind afro-deutsch?
Ah, ich verstehe: afrikanisch und deutsch.
Ist ja 'ne interessante Mischung!
Wissen Sie: manche denken ja immer noch,
die Mulatten, die würden es nicht
so weit bringen wie die Weißen

Ich glaube das nicht: bei entsprechender Erziehung ...
[...]
Sei'n Se froh
daß Se nich im Busch geblieben sind.
[...]" (S.213)

Der Sprechende zeichnet sich durch seine Unfähigkeit aus, eine biethnische Identität zu akzeptieren, sein Ton zeigt die paternalistische

Einstellung gegenüber Schwarzen Menschen, sein Blick ist der eines Überlegenen, der 'milde' auf einen, in seiner Vorstellung monolithisch gezeichneten, 'Dritte-Welt-Menschen' schaut, statt sein Gegenüber als Individuum wahrzunehmen. Die Aussagen und Antworten des afrodeutschen Menschen lassen sich zwischen den Zeilen erahnen, sind aber im Gedicht nicht formuliert. So wird die strukturelle Unsichtbarkeit des schwarzen Dialog-Gegenübers als Subjekt deutlich. Der Dialog ist eigentlich ein Monolog, die umgangssprachliche Schreibweise erzeugt den Eindruck einer Alltagssituation. Der zweite Teil des Gedichts mit dem Titel *Afro-deutsch II* (Ayim 1995; S.25) zeichnet einen ähnlichen Dialog-Monolog zwischen einer afro-deutschen und einer weißen deutschen Frau nach, erweitert um deren exotistischen Klischees und Analogisierungen gegenüber Schwarzen Frauen.

Ihren Widerstand gegen Vereinnahmung, Ausklammerung, Ein- und Ausgrenzung und Kategorisierung und die Solidarität mit Schwarzen Menschen formuliert May Ayim in dem Gedicht *grenzenlos und unverschämt – ein gedicht gegen die deutsche sch-einheit*. Die Wortschöpfung *sch-einheit* ist eine Kritik am konstruierten Wir-Gefühl im Zuge der Einheit, das ein 'Wir' ist, welches sich lediglich auf weiße Deutsche bezieht und allen, zu 'Anderen' konstruierten, neue Grenzen setzt. Hier heißt es:

„ich werde trotzdem
afrikanisch
sein
auch wenn ihr
mich gerne
deutsch
haben wollt
und werde trotzdem
deutsch
sein
auch wenn euch
meine schwärze
nicht paßt
[...]"

Auch hier taucht die Grenzmetapher wieder auf:

„[...]
ich werde einen schritt weitergehen
bis an den äußersten rand
wo meine schwestern sind – wo meine brüder stehen
wo unsere
FREIHEIT
beginnt
[...]
ich will
grenzenlos und unverschämt
bleiben"
(S.209)

Mit der Öffnung der deutsch-deutschen Grenze ergab sich jedoch auch die Möglichkeit eines Erfahrungsaustausches zwischen afro-deutschen Frauen aus beiden Teilen des Landes. In *Ostdeutsch Schwarz* beschreibt Gabriela Willbold die Erfahrungen mit Rassismus, Eurozentrismus, Isolation, Legitimationszwang und Ablehnung im real existierenden Sozialismus:

„OstdeutschSchwarz
heißt
Isolation von Schwarzen Menschen
[...]
heißt
Erklärung zu geben für das Sein
[...]
heißt
Tanz der Seele ohne Rhythmus im Blut
[...]
heißt
die Geschichte der deutschen Arbeiterklasse kennen
[...]
und den Schwarzen Kontinent als Weißen Fleck auf der Landkarte

[...]
heißt
Kindsein, Schokokuß und Negerbaby
[...]
heißt
Neger, Farbige, Mulatten
[...]"
(Willbold 1993; S.233)

Hier wird deutlich, daß Rassismus kein sogenannter Nebenwiderspruch ist, der sich mit der Errichtung eines sozialistischen Staates von selbst erledigt, sondern daß er als Denk- und Handlungsmuster Kontinuität und Aktualität des kolonialistischen Diskurses festschreibt. Auch in diesem Zusammenhang gilt, was Christa Wolf in den 60erJahren der DDR-Gesellschaft hinsichtlich der Aufarbeitung des historischen Faschismus vorwarf: „Das Vergangene ist nicht tot; es ist nicht einmal vergangen. Wir trennen es von uns ab und stellen uns fremd." (Wolf 1979; S.11) Indem ein Staatssystem durch ein anderes ersetzt wird, auch wenn es eine humanere, sozialistische Utopie anstrebt, verschwinden nicht gleichzeitig langwierig eingepflanzte Strukturen aus den Köpfen der Menschen, auch durch die Mechanismen von Tabuisieren und Verdrängen nicht.

Sprache und Macht – herrschende Sprache und ausgeschlossene Subjekte – Lyrik und radikale Subjektivität

Afro-Deutsche „sind hier geboren, haben einen deutschen Paß, Deutsch ist ihre Muttersprache, ihre Sozialisation und – zumindest zum Teil – ihr kulturelles Erbe [...] Sie haben eine Sprache und ein Zuhause – und oft sogar ein Zimmer für sich allein. Doch wie schreiben in deiner Muttersprache, wenn man dich täglich mindestens dreimal fragt, warum du sie so gut sprichst? Solche Fragestellungen implizieren Ablehnung als Fremde und verurteilen zum Schweigen." (Kraft 1990; S.41)

Die Sprache ist ein wichtiger Teil des Diskurses. Die herrschenden Sprachregelungen kanalisieren Erfahrungen in eine vorgegebene Richtung und bestimmen das Denken. Sprache spiegelt nicht nur die Wirklichkeit einer bestimmten gesellschaftlichen Gruppe wider, sondern „die Muttersprache schafft erst die Wirklichkeit, in der ein Mensch seine Identität und seine Persönlichkeit findet. Muttersprache und Wirklichkeit stehen für den Einzelnen in einem so engen Zusammenhang, daß sie in dem Individuum kognitiv und psychisch zusammenfallen." (Akgün 1992; S.56)

Die Sprache schafft demnach als Instrument des herrschenden Diskurses eine Wirklichkeit, die entscheidend zur Identitätsbildung einer gesellschaftlichen Gruppe und des Individuums beiträgt. Diese über Sprache hergestellte 'Wirklichkeit' ist für das Individuum und die jeweilige gesellschaftliche Gruppe stark prägend. Was über Sprache negativ oder positiv ausgedrückt wird, erscheint auch in der Wirklichkeit negativ oder positiv. Was über die herrschenden Sprachnormen nicht ausgedrückt, was sprachlich nicht benannt wird, bleibt unsichtbar, d.h. es ist im herrschenden Diskurs nicht existent.

„Ein Mensch, der die Sprache besitzt, besitzt auch die Welt, die diese Sprache ausdrückt und impliziert." (Fanon 1980; S.14)

Frauen sind als Subjekte aus den herrschenden Diskursen ausgeschlossen, gleichzeitig jedoch tauchen sie innerhalb dieser Diskurse als Objekte, als Stereotype wieder auf. Diese Erkenntnis führt zur Auseinandersetzung mit den herrschenden Sprachregelungen. Feministische Sprachkritik wird als wichtige Vorraussetzung zur Entwicklung einer weiblichen Schreibweise, die Entwicklung einer 'anderen', 'weiblichen' Sprache als einer der wichtigsten Aspekte 'weiblicher' Ästhetik, gesehen. Julia Kristeva stellt in *Die Revolution der poetischen Sprache* (1978) den Entwurf eines *Subjekts in Bewegung* als Teil weiblicher Ästhetik vor. Dieses *Subjekt in Bewegung* äußert sich in der poetischen Praxis, indem es vorsymbolische beziehungsweise vorsprachliche Momente in die normativen Setzungen der Sprache einbrechen läßt. Diese Momente, die Kristeva unter dem Begriff des *Semiotischen* faßt, sind zum Beispiel Gestik, Mimik, Rhythmus des Sprechens und der Atmung, Intonation, Melodie, Reim, Lautmalereien und Artikulationen, die der Wortgestaltung vorausgehen. Impliziert das Sprechen, indem es das Dargestellte in Bildern, Worten beziehungsweise eindeutigen Benennungen festhält, immer einen Schnitt gegenüber der pulsierenden Bewegung des Lebendigen, so vollzieht sich in den Äußerungen des *Semiotischen* ein Einbruch der vorsymbolischen Bereiche in die Sprache. Soweit die genannten Momente die Materie der Sprache bzw. den Sprach-Körper betreffen, läßt sich eine entsprechende poetische Praxis vor allem als sprechende, d.h. mündliche Sprache denken oder aber in Schriftformen, die dem Lyrischen verwandt sind. (vgl. Weigel 1987; S.117)

Gedichte und metaphorische Darstellungen können darüberhinaus eine Möglichkeit darstellen, sich von der 'Alltagssprache' zu entfernen und neue Wahrnehmungen auch sprachlich zu erproben. Hierbei geht es v.a. um eine neue Umgangsweise mit Wörtern, die Entlarvung der ideologischen Funktion von feststehenden Phrasen und die Einbeziehung des weiblichen Körpers und der Körpersprache – beispielsweise Schmerzen – in eine Sprache jenseits des sexistischen Jargons.

Die herrschenden Sprachregelungen sind also patriarchal und kolonialistisch geprägt und konstituieren eine bestimmte 'Wirklichkeit'. Das heißt, daß sie Frauen und kolonialisierte gesellschaftliche Gruppen als Subjekte entweder ausschließen oder auf eine Bildfunktion festlegen, was diese zu Objekten herrschender Diskurse macht. Bezogen auf die Situation afro-deutscher Frauen bedeuten diese Thesen folgendes:

Afro-deutsche Frauen sprechen eine Sprache, die eine Wirklichkeit spiegelt, von der sie als Frauen und als Schwarze entweder ausgegrenzt oder mit stereotypen Zuschreibungen versehen werden. Oder konkreter: Die deutsche Sprache als Teil des kolonialistischen Diskurses hält für Schwarze Menschen fast ausschließlich pejorativ besetzte Begrifflichkeiten bereit, wie zum Beispiel 'Neger', 'Bimbo', 'Mulatte', 'Mischling' oder Vergleiche mit Tieren, wie zum Beispiel 'Bastard' oder 'Kreuzung'.

Die deutsche Sprache als Teil des patriarchalen Diskurses ist phallozentrisch und logozentrisch geprägt und schließt Erfahrungen von Frauen v.a. in bezug auf ihren Körper aus, beziehungsweise beschreibt ihn häufig mit sexistischen, technischen oder wissenschaftlichen Begrifflichkeiten. Beispiele sind die Sprache der Bürokratie, der Terminologie der Gesetzestexte, die Vergewaltigung als Notzucht bezeichnen, die Sprache der Medizin – die Bereiche des weiblichen Körpers in *primäre* und *sekundäre* Geschlechtsmerkmale unterscheidet – und die Sprache der Psychologie – die sexuelle Neigungen in normal, gleich heterosexuell, und nicht-normal, gleich homosexuell, differenziert.

Wenn Luce Irigaray vom doppelten Ort der Frau spricht, der zugleich innerhalb der symbolischen Ordnung – als Bild – und außerhalb der herrschenden Ordnung – als reale Frau deren Erfahrungen ausgegrenzt sind – zu suchen ist, dann befinden sich z.B. afro-deutsche Frauen an einem mehrfach multiplizierten, in bezug auf die Sprache ein- und ausgegrenzten Ort, als Frauen und als Schwarze.

Afro-deutsche Frauen sprechen folglich die Sprache ihres 'Unterdrückers' und ihrer 'Unterdrückerin' und bewegen sich damit zumindest teilweise in deren Wahrnehmung. Die Folgen können negative Eigenidentifikation oder der Eindruck sein, sich in der eigenen Sprache fremd zu fühlen. Dies sind schlechte Vorraussetzungen, diese Sprache als politische und künstlerische Ausdrucksform zu nutzen.

Deshalb ist eine Forderung von Afro-Deutschen, „daß über die Sprache zunächst eine Identifikation mit mehr als einer 'Rasse' möglich werden sollte, die dann in eine einzelne Ich-Identität münden sollte." (Teo 1994; S.163)

In bezug auf die kritische Auseinandersetzung mit den herrschenden Sprachnormen (dazu gehören neben der 'gängigen' Terminologie auch Syntax und Grammatik) und dem Bemühen, eine Sprache zu finden, die die spezifischen Wahrnehmungen und Erfahrungen afro-deutscher Frauen unverstellter und subjektiver ausdrückt, sind lyrische Formen eine bevorzugte Textart. Auch deshalb gehören Gedichte, neben autobiographischen Texten, zu den häufigsten Veröffentlichungen afrodeutscher Autorinnen. Die politische Bedeutung von Dichtung und Gedichten für Schwarze Frauen hat Audre Lorde formuliert: „In der vordersten Front unserer Bewegung zur Veränderung hin, besitzen wir als Andeutung einer Verwirklichung des Möglichen nur unsere Gedichte." (Lorde 1993; S.90)

Um sich aus einer unterdrückten Position zu befreien und Widerstand leisten zu können, muß sich das unterdückte, unsichtbare oder stereotypisierte Individuum als Subjekt mit einer eigenen Geschichte und eigenen Erfahrungen sichtbar machen. Dies kann nur über die Wiederaneignung und Artikulation der aus herrschenden Diskursen verdrängten und ausgeschlossenen Erfahrungen geschehen. Audre Lorde sieht im Schreiben von Gedichten eine adäquate Möglichkeit für diese Artikulation: „[...] durch Dichtung [...] erhalten wir Namen für Ideen, die bis zur Entstehung unseres Gedichts namenlos und formlos [...] waren. Aus dieser 'Verdichtung' unserer Erfahrung, aus der wirkliche Lyrik entspringt, erwachsen Gedanken [...].“ (Lorde 1993; S.88)

Zu den aus den herrschenden kolonialistischen und männlich geprägten Diskursen (wozu die Geschichtsschreibung zählt) ausgeschlossenen Realitäten von Schwarzen Frauen gehören alltägliche Lebenserfahrungen (Rassismus beispielsweise ist keine besondere, singuläre Erfahrung für Schwarze Frauen, sondern sie begegnen ihm in allen Bereichen ihres Lebens, sogar bei sich selbst als verinnerlichtem Denkmuster). Für Lorde soll Dichtung diese alltäglichen Lebenserfahrungen manifestieren. Aus ihrer Sicht ist Dichtung demnach kein von der Dichterin abgespaltenes, autonomes beziehungsweise ‘außergewöhnliches’ Kunstobjekt, sondern Bestandteil des Alltags: „[...] poetry is not a presentation, is not a product. Poetry [...] is a way of living.“ (Kraft/Lorde 1986; S.549)

Auch Gefühle, Träume und Phantasien sind nach Lorde Bestandteile der aus den herrschenden Diskursen abgedrängten Erfahrungen von Schwarzen Frauen. Die Artikulation dieser, oft assoziativ geprägten, Wahrnehmungsebenen gestaltet sich jedoch besonders schwierig, da der Ausschluß dieser Art von Erfahrungen auch von den herrschenden, logozentrischen Sprachregelungen (Grammatik und Syntax) festgeschrieben wird und es mit dem Vermeiden und Austauschen von negativ besetzten Begriffen nicht getan ist. Lorde plädiert deshalb für die Entwicklung einer Sprache, die es möglich macht, aus der herrschenden Sprache ausgeschlossene Erfahrungen zu artikulieren. Dafür ist die Dekonstruktion der herrschenden Sprachregelungen die Voraussetzung. Lorde sieht in Gedichten die Möglichkeit zur Entwicklung einer neuen Sprache: „Wir können üben, unsere Gefühle zu achten und in eine Sprache umzusetzen [...], die ihnen entspricht, sodaß wir sie teilen, mitteilen können. Und wo diese Sprache noch nicht existiert, tragen unsere Gedichte zu ihrer Gestaltung bei. Dichtung ist nicht nur Traum oder Vision, sondern die angedeutete Architektur des Lebens.“ (Lorde 1993; S.89)

In vielen der lyrischen Text-Formen von May Ayim und Katharina Birkenwald zeigt sich der Versuch, eine ‘andere’, subjektive Sprache als Mittel zur Dekonstruktion des herrschenden Sprachgebrauchs und der herrschenden Sprachregelungen zu entwickeln.

Ihre Kritik an der herrschenden deutschen Sprache formuliert May Ayim in *der käfig hat eine tür:*

„es fehlt mir das wort
für das was ich sagen will
die intuition
für das was ich empfinden möchte
die empfindung
für das was ich spüren müßte
[...]
das wesentliche
befindet sich
hinter dem eigentlichen
zwischen den zeilen
unter der oberfläche
[...]
verloren
fahnde ich
vor buch-staben
nach anhalts-punkten

die staben sind käfige
die punkte sind anfänge
an jeder ungereimtheit zerplatzt
eine einbildung
der käfig hat eine tür

es ist mir inzwischen lieber
ich bin ausgegrenzt
ich bin
nicht eingeschlossen
(Ayim 1995; S.51)

Ayims Kritik bezieht sich nicht nur auf eine rassistische und sexistische Terminologie der Alltagssprache, die sie ausschließt oder wie in einem Käfig festhält, d.h. zum Bild macht, das im übertragenen Sinne keine Bewegungsfreiheit zuläßt, sondern auch auf grammatikalische Strukturen und unhinterfragte Wortbedeutungen.

In einem Grußwort zu dem Gedichteband *blues in schwarz-weiß* von May Ayim schreibt Maryse Condé über die Lyrikerin: „In Mays Stimme fand ich das Echo anderer Klänge aus der Diaspora. Ihre Unbändigkeit, ihr Humor, ihr poetischer Ausdruck sind auch die eines Léon-Gontron Damas, einer der Väter der 'Négritude'."

Condé stellt die Lyrik der afro-deutschen Autorin in den politischen Kontext von Literatur der afrikanischen Diaspora und sieht im Werk Ayims eine Verbindung zur Négritude. Die Négritude war eine kulturphilosophische und literarische Bewegung Schwarzer Intellektueller, die in den 30er Jahren in Paris entstand und sich gegen die Kolonisierung des Bewußtseins und für die Wertschätzung afrikanischer Identität aussprach. Damas nahm als erster afrikanische Tanzrhythmen in seine Lyrik mit auf. (vgl. Ayim 1995; S.132)

Der Titel des Buches, *blues in schwarz-weiß*, verweist auf den Bezug zur Schwarzen Musik. Die Sammlung enthält ein gleichnamiges Gedicht, das die Kontinuität ausgrenzender kolonialistischer Strukturen von den Anfängen des Kolonialismus, über die Sklaverei, die deutsche 'Wiedervereinigung', bis hin zum 'vereinigten' Europa zum Thema hat.

„[...]
im rhythmus von rassismus sexismus und antisemitismus
wollen sie uns isolieren unsere geschichte ausradieren oder bis zur unkenntlichkeit
mystifizieren
es ist ein blues in schwarz-weiß
es ist ein blues
[...]"

Der Ton erinnert an die Basis des Blues. Das ist der *field holler* mit seinem klagenden Gesang, westafrikanischen Ursprungs, der auf den Baumwollfeldern angestimmt wurde, um die Qual der Arbeit zu mildern. Eine weitere Variante ist der Country Blues mit seiner sozialkritischen Aussage. Hinter Rhythmus und Aufschrei des Blues verbirgt sich die Information über Leid und soziale Mißstände. Auch abgesehen von dem expliziten Bezug zum Blues ist die rhythmische Sprache auffällig. Verbunden mit der Aneinanderreihung häufig verwendeter Begriffe bestimmter gesellschaftlicher Gruppen und der Unterlassung von Zeichensetzung, werden so die für diese Gruppen typischen Sprechweisen nachgeahmt oder ironisiert. Dazu gehört der Jargon (linker) Intellektueller:

„[...]
zusammen mit aktivistinnen und politikerinnen
mit prominenten und engagierten
diskutieren analysieren debattieren wir
über
forderungen protestaktionen appellationen
in diskussionen hearings talkshows
auf dem podium im forum oder plenum
[...]

oder die Nachahmung der bürokratischen Sprache:

„[...]
die forderungen
werden sauber
abgeheftet
und sicherlich
und zuverlässig
an die entsprechenden stellen
mit den wirklich
zuständigen leuten
weitergeleitet
[...]"
(Ayim 1995; S.62)

May Ayim geht es in vielen ihrer Gedichte um einen anderen, neuen Umgang mit Worten, um sich von der 'Alltagssprache' zu entfernen und neue Wahrnehmungen zu erproben. Durch Verfremdung soll der alltägliche Gebrauchssinn vieler Wörter befragt beziehungsweise. deren Wahrheitsgehalt in Frage gestellt werden. Verbale Gebilde *wie nord-süd-monolog* (S.64) dekonstruieren gängige politische Schlagworte. Getrennt geschriebene und mit Bindestrichen versehene Worte wie *über-sahen*, *ent-deckten* (S.63), *buch-staben*, *anhalts-punkte* (S.51) verweisen diese auf ihre buchstäbliche Bedeutung. In einem anderen Kontext hebt die Bindestrichschreibweise Phrasen hervor, die eine ideologische Funktion haben, wie beispielsweise *jute-statt-plastik-aktionen* (S.80). Manchmal werden solche Phrasen in einen neuen Bedeutungskontext eingebunden, häufig im Zusammenhang mit der Schwarz-Weiß-Metapher. Ein Beispiel ist der Vers *exotik*:

„nachdem sie mich erst anschwärzten
zogen sie mich dann durch den kakao
um mir schließlich weiß machen zu wollen
es sei vollkommen unangebracht
schwarz zu sehen"
(Ayim 1995; S.66)

Durch Wort-Neuschöpfungen wie *zwangskindmutterschaft* (S.20), *einsamkeitsstille* (S.38) oder *favoriterrorisiert* werden neue Benennungsmöglichkeiten gefunden, die ambivalente oder komplexe Gefühle adäquater ausdrücken als der herrschende Sprachgebrauch. Wortneuschöpfungen wie *meistmanchmal*, *trenntetrenne*, *bliebbleiben* (S.33) heben die Zeitaussagen von Verben und die Gegensätzlichkeit von Adverben auf. Darüberhinaus entsteht ein eigener Wortwitz, die Gedichte wirken oft satirisch. Neben Wortverfremdungen oder -neuschöpfungen finden sich auch einige Wortspiele:

„berlin
[...]
enthauptet
behauptet

hauptstadt
[...]
hauptsache
hauptstadt
[...]
(Ayim 1995; S.88)

In den lyrischen Texten von Katharina Birkenwald zeigen sich Ansätze zu einer Schreibweise, die Julia Kristevas Vorstellungen von einem *Subjekt in Bewegung* sehr nahe kommen. Auch in Birkenwalds Gedichten gibt es Wortspiele, Bedeutungsverschiebungen und Wortneuschöpfungen, auch hier geht es um einen anderen Umgang mit Worten, mit der Konsens-Sprache. Während jedoch in den Gedichten von May Ayim meist nur einzelne Begriffe durch Bedeutungsverschiebungen variiert werden (was die spezifische Ironie hervorbringt), sind in Birkenwalds Lyrik die Worte oft so verfremdet, daß der ursprüngliche Bedeutungszusammenhang kaum mehr erkennbar ist. Auch der Satzbau folgt nicht mehr seinen Regeln. So entsteht der Eindruck einer sich nahezu aller sprachlicher Strukturen und Regelungen entledigenden, frei assoziierenden Schreibweise. Ein Beispiel ist eine Sammlung von Gedichten, übertitelt mit *fragment*. Das erste davon heißt *geburt*:

„spiegel barsten, gewohnheitshäute platzen
pigmente entsetzt übergestrichen
mittelmäßige augen lynchen, böshassende sprüche reißen
stempel geprobte worte bäume, blutschlingende gräser reißen
mulatte ist geboren
mulatte ist da
krausgewellte haare brechen
negroeuro rhythmen sich schämen
notenverlassne lieder schweigen
mulatte ist geboren
mulatte ist da“
(Birkenwald 1991; S.223)

Die Verse sind auch ein Beispiel dafür, wie der Körper beziehungsweise die Körpererfahrungen in die Setzungen der Sprache einfließen können, um subjektivste Wahrnehmungen zu vermitteln. Katharina Birkenwald vergleicht ihr Auftauchen in einer weiß-deutsch dominierten Gesellschaft mit einer (schmerzhaften) Geburt, dem Zerspringen von Spiegeln, dem Platzen von Haut, mit einem Ereignis, das die Sehgewohnheiten ihres Umfelds irritiert und zu Ablehnung führt.

Weiterhin wird in den 'fragment'-Texten ein Sprachfluß erzeugt, dessen Rhythmus weder über ein bestimmtes Reimschema noch über die vorgeschriebnene Zeichensetzung erreicht (oder gebrochen) wird, sondern über den Klang und die Länge der Worte. So klingen die Texte wie gesungen oder gerufen. *ruf* lautet auch ein weiteres Gedicht dieser Sammlung:

„junger mulatte du dich ruf ich
hoffnungsgesalbten nach schmerzensbade
dich ausgestoßener unter ausgestoßenen

deinem zagen deinem bangen gesellt sich mein ruf
du kein fleckchen erd dein nennen kannst ruhn
doch deiner ahnen traditionen fern einander
dich der du gingst den langen weg allein
abfallaufsammler heimatloser klagender blick
ruf ich verlassenere stark zu einen das
unvereinbar galt widerspruch dessen was war und ist
wahnsinngespaltener zwischen
fühl und denken wo vermocht denken
allein trommeln wecken wo fühln
allein ein satz etwas schreiben
wirst du kaum verstandner wirst
wirst lernen dich zu verstehen in deinem
denken und fühln und dirigieren
den tausendgewaltigen chor deiner träume"
(Birkenwald 1991; S.224)

ruf ist auch ein Text-Beispiel für die Verwendung einer verdoppelten Erzählperspektive (*junger mulatte du dich ruf ich*), ein Spalten der Ich-

Erzählerin in zwei Personen. *Du* ist der *Mulatte*, *ich* diejenige, die ihn ruft. Die verdoppelte Erzählperspektive wird in der feministischen Literaturwissenschaft oft als Ausdruck einer 'unvereinbaren' Identität gesehen, in diesem Fall als Konflikt zwischen Selbstverachtung, aufgrund der Verinnerlichung rassistischer Zuschreibungen, und Selbstakzeptanz als *hoffnungsgesalbten nach schmerzensbade*. Die *ich*-Person appelliert jedoch daran, *stark zu einen das unvereinbar galt*, um die Identitätsspaltung aufzuheben. Schreiben sieht sie als Möglichkeit, um zu sich selbst zu kommen: *allein ein satz etwas schreiben wirst du kaum verstandner wirst lernen dich zu verstehen in deinem denken und fühln und dirigieren den tausendgewaltigen chor deiner träume ...*

Die Sprache anderer Gedichte ist an der mündlichen Umgangssprache oder am Berliner Dialekt orientiert:

„[...]
ich bin ja ne deutsch
un exotika bin ich och nich
ich weeß nich wohin un
zurück kann ich och nicht
[...]"
(ohne Titel, Birkenwald 1991; S.229)

Für Katharina Birkenwald ist das Schreiben, analog zu den Aussagen Audre Lordes, Überlebensstrategie in einer feindlichen Umwelt. Sie sagt: „Ich wollte nie schreiben, ich konnte nie anders ... Das Schreiben war lebensnotwendig für mich. Wenn ich etwas schreiben *muß*, ist es, als wenn ich etwas von mir wegschneiden muß [...] Beim Schreiben hab' ich immer alles so aus mir rausgeholt [...]." (Birkenwald 1991; S.217/218)

Literatur afro-deutscher Frauen als Widerstandsliteratur?

Das Aufzeigen kolonialistischer Denk- und Handlungsstrukturen in der bundesdeutschen Politik und Gesellschaft, das Aufdecken blinder Flekken in der herrschenden deutschen Geschichtsschreibung und dem feministischen Diskurs westlicher Prägung und das Sichtbarmachen afrodeutscher und Schwarzer Menschen als gesellschaftliche Gruppe mit spezifischen Interessen/ihrer spezifischen Lebenssituation sehe ich als Schwerpunkt der afro-deutschen Frauenliteratur. Zusammen mit der Suche nach einem nicht von der weißen Mehrheitsgesellschaft definierten Selbstbild, wozu auch der Rekurs auf den afrikanischen Teil der Herkunft und die Suche nach Identifikationsfiguren und -modellen bei anderen Schwarzen Menschen zählt, ist dies eine Möglichkeit zur Bildung nicht-stereotyper, komplexer Eigenbilder. Schreiben ist ein Weg, aus der Sicht von Unterdrückten herrschende Diskurse anzugreifen, ihre Strukturen aufzudecken, sich selbst zu beschreiben, über das Aneignen von Sprache Schweigen und Tabus zu brechen, sich als Subjekt sichtbar zu machen und somit einen Gegendiskurs zu etablieren. Da nicht nur die herrschende Geschichtsschreibung, sondern auch die herrschende Sprache selbst den kolonialistischen Diskurs stabilisiert, gehört nicht nur das Aufbrechen herkömmlicher literarischer Formen, wie die Verknüpfung von autobiographischen, lyrischen, poetischen und essayistischen Elementen bei May Ayim, sondern auch das Aufbrechen herrschender Sprachnormen, wie bei Katharina Birkenwalds, zur Etablierung eines Gegendiskurses. Die Literatur afro-deutscher Frauen ist deshalb v.a. im diskursiven Sinne Widerstandsliteratur: Über das Schreiben werden sie vom be-schriebenen oder verschwiegenen Objekt zum handelnden Subjekt und durchbrechen bzw. verweigern somit die Funktion, die ihnen vom herrschenden Diskurs zugedacht wurde. Sie sind nicht mehr so einfach als die stereotypisierten 'Anderen' zu instrumentalisieren, um dem 'Eigenen' (dem westlichen weißen christlich-sozialisierten Menschen) zur Konstruktion einer einheitlichen Selbst-Definition als das Höherwertige zu verhelfen. Literatur ist eine Möglichkeit für afro-deutsche Frauen, eigene Ausdrucksformen und Begrifflichkeiten zu schaffen.

Die politische Bedeutung einer eigenen, neuen Definition von Begriffen und Worten für den Kampf Schwarzer Menschen hat Stokeley Carmichael in seinem Buch *Black Power – Die Politik der Befreiung Amerikas* (1968) häufig betont. Dazu führte er einen Wortwechsel aus Lewis Carrolls Kinderbuch *Alice hinter den Spiegeln* (1981) an: „'Wenn ich ein Wort gebrauche', sagte Goggelmoggel in recht hochmütigem Ton, 'dann heißt es genau, was ich für richtig halte – nicht mehr und nicht weniger.' 'Es fragt sich nur', sagte Alice, 'ob man Wörter einfach etwas anderes heißen lassen kann.' 'Es fragt sich nur', sagte Goggelmoggel, 'wer der Stärkere ist, weiter nichts'."

Kapitel IV
Schlußwort

Seit Jahrhunderten leben AfrikanerInnen im Gebiet der heutigen BRD. Die im 18. Jahrhundert entstandenen Rassentheorien haben das eurozentristische Denken von der Minderwertigkeit Schwarzer Menschen zu verantworten. Diesem Denken liegt ein biologistisches Rassenkonstrukt zugrunde. Die deutsche Kolonialgeschichte hat nicht unbedeutend zur Ausbeutung, Vernichtung und Versklavung der Menschen des afrikanischen Kontinents beigetragen und in Deutschland ein stereotypes, pejoratives Bild von Schwarzen Menschen manifestiert. Die Beteiligung weißer deutscher Frauen am Kolonialismus ist ein häufig verdrängtes Kapitel der deutschen Geschichtsschreibung. Vor allem diese Frauen haben in Deutschland rassistische und sexistische Klischees über die Schwarze Frau verbreitet. Im Nationalsozialismus wurden Schwarze Menschen verfolgt, sterilisiert und umgebracht. Weiße Frauen, die Kinder von Schwarzen Soldaten haben, wurden als 'Negerhuren' stigmatisiert. Die heutige Situation afro-deutscher Menschen ist durch die rassistische Kontinuität kolonialistischer Denkmuster geprägt. Sie sind mit Rassismus in der Schule, in ihrem sozialen Umfeld, in ihrer Ausbildung und an ihrem Arbeitsplatz konfrontiert. Darüber hinaus trägt eine völkisch-nationalistische Gesetzgebungspraxis und Politik dazu bei, daß sie als gesellschaftliche Gruppe entweder nicht gesehen oder diskriminiert werden. Vereinzelung und Isolation in einer weißen Mehrheitsgesellschaft gehören zu den grundlegenden Erfahrungen afro-deutscher Menschen. In den letzten Jahren haben sich Schwarze in der Diaspora, vor allem Frauen, überall auf der Welt mehr Gehör verschaffen und ihre Rechte einfordern können. Auch afrodeutsche Menschen haben sich als Teil der schwarzen Diaspora zusammengeschlossen, um gegen Rassismus und Ausgrenzung zu kämpfen. Daraus ist eine politische Bewegung entstanden. Dieser Kontext lieferte die Voraussetzung für ein kulturelles beziehungsweise schriftstellerisches Schaffen afro-deutscher Frauen. Aus ihrem Selbstverständnis als Schwarze Frauen in der Diaspora suchen sie nach Identifikationsfiguren und -modellen in anderen schwarzen Gesellschaften und kulturellen Zusammenhängen, in Geschichte und Gegenwart. Einen starken Einfluß haben dabei vor allem afro-amerikanische Autorinnen und die schwarze feministische Theorie, wie sie von afro-amerikanischen Kritikerinnen entwickelt wurde. Da die politische und gesellschaftliche Situation sich von der US-amerikanischen unterscheidet und die politische Bewegung afro-deutscher Frauen zum großen Teil autobiographisch geprägt ist und sich am tagespolitischen Geschehen orientiert. Aus ihrem Selbstverständnis als Schwarze Feministinnen setzen sich afro-deutsche Autorinnen in ihrer Literatur mit dem afrikanischen Teil ihrer kulturellen Herkunft sowie mit kolonialistischen Strukturen in der BRD und vor allem dem Eurozentrismus der weißen feministischen Bewegung und Wissenschaft auseinander. In dieser Auseinandersetzung geht es darum, sich nicht durch ein - für alle Frauen gültig gehaltenes - 'Wir' vereinnahmen zu lassen, sondern die kulturell und historisch bedingten Unterschiede zu weißen Frauen bewußt zu machen und diese Unterschiede nicht als Mangel oder Verlust zu sehen, sondern als Chance. In der Bewußtmachung und kreativen Nutzung der Verschiedenheit zwischen weißen und Schwarzen Frauen wird eine neue Möglichkeit für die feministische Theoriebildung und kreatives Schaffen eröffnet: „Als Teil der afrikanischen Diaspora leisten Afro-Deutsche einen Beitrag, die Vielfalt der Kreativität schwarzer Frauen in der Welt erfahrbar zu machen. Als Europäerinnen können sie in besonderer Weise die Schranken des Eurozentrismus im feministischen Denken durchbrechen. Indem sie die Verschiedenheit zu weißen Frauen ebenso selbstbewußt nutzen wie zu Schwarzen Frauen in anderen Teilen der Welt, könnte daraus eine neue feministische Gemeinsamkeit erwachsen, die nicht nur verbal zu einem verschärften Blick in der Wahrnehmung unterschiedlicher Bedürfnisse, Erfahrungen und Interessen von Frauen führen." (Kraft 1990; S. 145)

In bezug auf die Auseinandersetzungen weißer Frauen in der Literatur Schwarzer Frauen wird gefordert, daß „feministische Theoriebildung und Literaturkritik sozio-kulturelle Untersuchungen - miteinbezieht". (Kraft 1990; S.145).

Über das Schreiben machen sich afro-deutsche Frauen als Schwarze und Frauen mit eigenen Erfahrungen und eigener Geschichte in der BRD sichtbar und setzen damit den historisch bedingten rassistischen und sexistischen Stereotypen selbstbestimmte Eigendefinitionen gegenüber, die ein komplexes Bild vom Leben als Schwarze Frau in der bundesdeutschen Gesellschaft vermitteln.

Abschied von May Ayim

es gibt keine richtigen und keine falschen worte
für etwas das unaussprechlich ist
es gibt kein richtiges und falsches verhalten
für das was unbegeiflich bleibt *

May Ayim ist tot. Am 9. August 1996 faßte sie den Entschluß, aus dem Leben zu gehen. Wir trauern um May Ayim als Autorin, Mitstreiterin und geliebte Freundin.

May Ayim, ghanaisch-deutscher Herkunft, wurde 1960 in Hamburg geboren, lebte die ersten eineinhalb Jahre im Heim und dann in einer Pflegefamilie. Sie studierte Pädagogik in Regensburg und schloß eine Ausbildung zur Logopädin in Berlin ab, wo sie seit 1984 lebte.

May Ayim war seit langem in der Schwarzen Community und in der Frauenbewegung aktiv. Mit ihrem Engagement und der ihr eigenen verbindenden Art trug sie immer wieder dazu bei, Menschen unterschiedlicher Kulturen und politischer Zusammenhänge zusammenzubringen. Sie gehörte 1985 zu den GründerInnen der inzwischen bundesweiten *Initiative Schwarze Deutsche und Schwarze in Deutschland.* In den letzten Jahren arbeitete sie als Lehrbeauftragte an Berliner Hochschulen, als Sprachtherapeutin und als Studienberaterin an der Alice-Salomon-Fachhochschule für Sozialarbeit.

Zahlreiche Gedichte und Essays von May Ayim wurden in Büchern und Zeitschriften veröffentlicht (vor 1992 unter May Opitz). Das 1986 erschienene Buch *Farbe Bekennen. Afro-deutsche Frauen auf den Spuren ihrer Geschichte*, dessen Mitherausgeberin sie war, beruhte auf ihrer Diplomarbeit zur Geschichte und Gegenwart Schwarzer Deutscher. Das Buch *Entfernte Verbindungen. Rassismus, Antisemitismus, Klassenunterdrückung* hat sie ebenfalls mitgeschrieben und -herausgegeben.

Bei vielen politischen Veranstaltungen, Demonstrationen und Diskussionen begeisterte und berührte May Ayim ihr Publikum. Sie begegnete ihren ZuhörerInnen in der Bundesrepublik, in den USA, in Kanada, Südafrika, England, der Schweiz, Österreich und den Niederlanden in immer wieder überraschender Weise mit ihrer Beobachtungsschärfe, ihrem Humor und ihrer Ironie.

Nachdem sie durch viele Lesungen - eher Performances - ihrer Gedichte bekannt geworden war, veröffentlichte May Ayim 1995 den Lyrikband *blues in schwarz weiss*. Die Schriftstellerin Marise Condé, Verfasserin des Vorworts, schildert ihre Begegnung mit May Ayim:

„Mit dem unverkennbaren Klang ihrer Stimme sprachen mir ihre Gedichte von ihr, erzählten von anderen, die ähnlich und doch so unähnlich sind, in Deutschland, in Afrika, in Amerika. In diesen Gedichten war Leidenschaft und Ironie und stets eine große Anziehungskraft. Die Stimme: jung und sehr alt. Während ich ihr zuhörte, begegnete ich aufs Neue der Entschlossenheit ihres Engagements; denn auch ihr Witz, ihre Wortspiele und Pointen verschleiern nie die Stärke ihres Protests gegen Rassismus, Sexismus und all die anderen Ismen, die unsere Gesellschaft mit Trauer durchwirken. In Mays Stimme fand ich das Echo anderer Klänge aus der Diaspora ..."

Mit ihrer Persönlichkeit, Ausstrahlung und dem ganz besonderen Stil ihrer Gedichte hat May Ayim Menschen über viele Grenzen hinweg berührt, sie zu neuen Sichtweisen bewegt, ihnen Kraft und Mut gegeben.

ohne den tod zu verachten
aus dem leben gegangen
lebhaft
für ein leben
das wir weitertragen werden
ein leben das
wenn es vergeht
schmerz hinterläßt und sehnsucht und hoffnung und liebe
ein leben
das nicht nur etwas sondern
sehr viel zurückläßt
was wert ist weitergetragen zu werden *

Wir danken Dir, May

Orlanda Frauenverlag

* Die Gedichtauszüge sind dem Gedicht „ANA" (1992) in *blues in schwarz weiss* entnommen.

Nachruf auf May Ayim

Ich habe May Ayim nicht persönlich gekannt. Ich habe mich mit ihrer Biographie, ihren Gedichten und Essays beschäftigt, Interviews gelesen und sie im Fernsehen gesehen und in diesem Buch darüber geschrieben. Ich bin ihr also nur vermittelt über ihr Werk nähergekommen. Deshalb ist mein Verhältnis zu ihrem Tod nicht, wie bei ihren Bekannten, Freundinnen und Freunden, von persönlicher Betroffenheit, Trauer oder Schmerz geprägt. Trotzdem hat mich die Nachricht von ihrem Tod geschockt, beschäftigt und nachdenklich gemacht. Zum einen, weil es in den letzten Jahren mehrere Selbsttötungen von Menschen der afrodeutschen Community gab, zum anderen, weil in der Stadt, in der ich bisher lebte, innerhalb kurzer Zeit, hintereinander drei Frauen aus der Lesbenszene, sich infolge von Psychiatrieaufenthalten, das Leben nahmen. Über die Behandlung von Frauen/Lesben und Schwarzen Menschen in der Psychiatrie ist mehrfach geschrieben worden und May Ayim hat es selbst formuliert: „Was ist mit schwarzen Menschen, auch jüngeren, die in psychiatrischen Einrichtungen leben?... Für Menschen afrikanischer Herkunft und schwarze Deutsche, die sich in akuten Krisensituationen befinden, gibt es keinen Ort, der von Rassismus frei ist.“
(dem Nachruf auf May Ayim aus der taz vom 24/25.8.96 entnommen)
Immer wieder scheint es sich zu bestätigen: Mit dem Eintritt in die Psychiatrie manifestiert sich das gesellschaftliche Urteil über einen Menschen: „Du bist krank, unnormal, unfähig, du hast versagt.“ Und normal heißt in der BRD: weiß, deutsch, heterosexuell, fügsam. An den Ansprüchen dieser ‘Normalität’ bemißt sich, wer in dieser Gesellschaft als gesund oder krank, normal oder unnormal gilt. Menschen, die diese Ansprüche nicht erfüllen können oder wollen oder sie in Frage stellen, haben ‘versagt’, sind ‘unfähig’ und damit ‘schuld’ an ihrer Situation, die als ‘Krankheit’ bezeichnet wird. Nicht die Ansprüche einer Gesellschaft, die von Rassismus, Homophobie, sexueller Diskriminierung und kapitalistischem Leistungsdenken gekennzeichnet ist, sind im herrschenden Denken zerstörerisch, sondern der Mensch, der diese Ansprüche nicht erfüllt, gilt als zerstörerisch, selbstzerstörerisch. Dieser Mensch muß mithilfe psychiatrischer Einrichtungen ‘beiseite geschafft’ und wieder ‘funktionstüchtig’ gemacht und wenn das nicht durchführ-

bar erscheint, mit Medikamenten 'ruhig- und abgesetellt' werden. Auch May Ayim, deren Werk in jeder Zeile, die persönliche Konfrontation mit den gesellschaftlichen Widersprüchen, ihrem Bewußtsein darüber und ihrem Kampf dagegen, merken läßt, hat zuletzt die Maschinerie der Psychiatrie erfahren: Wer nicht reibungslos funktioniert, es nicht aushält oder nicht aushalten will, wird für verrückt oder krank erklärt. Auch May Ayim mußte die Arroganz der Macht erleben, welche in einem ihrer Endpunkte, der Psychiatrie, nur noch die Ausweglosigkeit des Todes spüren lassen kann.

Stefanie Kron, Oktober 1996

Literaturverzeichnis

Primärliteratur

Adomako, Abena: *Mutter: Afro-Deutsche Vater: Ghanaer,* in: Oguntoye, Katharina/Opitz, May/Schultz, Dagmar (Hg): Farbe bekennen – Afro-deutsche Frauen auf den Spuren ihrer Geschichte; Berlin 1991 (1986[a]), S.197-202.

Anna G./Frieda P.: *Unser Vater war Kameruner, unsere Mutter Ostpreußin, wir sind Mulattinnen*, in: a.a.O., S.65-85.

Ayim, May: *Rassismus und Verdrängung im vereinten Deutschland*, in: Kraft, Marion/ Ashraf-Khan (Hg): Schwarze Frauen der Welt – Europa und Migration; Berlin 1994.

dies: *Das Jahr 1990 – Heimat und Einheit aus afro-deutscher Perspektive*, in: Hügel, Ika/ (Hg): Entfernte Verbindungen; Berlin 1993.

dies: *blues in schwarz weiß* (Gedichte); Berlin 1995

Baum, Laura/Oguntoye, Katharina/Opitz, May/(Schultz, Dagmar): *Drei afro-deutsche Frauen im Gespräch,* in: Oguntoye, Katharina/Opitz, May/Schultz, Dagmar (Hg): a.a.O., S.145-164.

Birkenwald, Katharina: *Ich wollte nie schreiben, ich konnte nie anders*, in: a.a.O., S.217-231.

dies: *fragment*, in: a.a.O., S.223.

Corinna N.: *Das alte Europa trifft sich woanders*, in: a.a.O., S.176-190.

Emde, Helga: *Als Besatzungskind im Nachkriegsdeutschland,* in: a.a.O., S.103-115.

dies: *Der Tanz*, in: Modernisierung der Ungleichheit – Beiträge zur feministischen Theorie und Praxis, Nr.23; Köln 1988.

dies: *Veränderungen*, in: Geteilter Feminismus – Beiträge zur feministischen Theorie und Praxis, Nr.27; Köln 1990 (1991[b]).

Hügel, Ika: *Begegnungen mit Grenzen*, in: a.a.O.

Oguntoye, Katharina: *Was ich dir schon immer sagen wollte,* in: Oguntoye, Katharina/Opitz, May/Schultz, Dagmar (Hg): a.a.O., S.211-217.

Opitz (Ayim), May: *Aufbruch,* in: a.a.O., S.202-211.

von Pirch, Eva: *Europa-Afrika-Studien,* in: Modernisierung der Ungleichheit, a.a.O.

dies: *Was habe ich mit Afrika zu tun*, in: a.a.O.

Willbold, Gabriela: *Ostdeutsch Schwarz,* in: Hügel, Ika ...: a.a.O., S.233.

Sekundärliteratur

Akgün, Lale: *Sprache und Wirklichkeit in der interkulturellen Kommunikation*, in: IZA 3/4 1992: Begegnung mit dem Fremden; 30.10.1992.

Baumeister, Marianne: *Die kleinen Mischlinge. eine ernste Frage an uns alle*, in: Zeitwende, 23.Jahg; München 1952.

Becker, Jörg: *Alltäglicher Rassismus;* Frankfurt/Main 1984.

Becker-Cantarino, Barbara: *Der lange Weg zur Mündigkeit*; München 1989.

Bell, Rosean B./Parker, Betty J./Sheftall, Beverly Guy (Hg): *Sturdy Black Bridges: Visions of Black Women in Literature*; New York 1979.

Benzig, Britta: *Zum Afrika-Bild in deutschsprachigen Kinder- und Jugendbüchern*, in: Bundesministerium für wirtschaftliche Zusammenarbeit (Hg): Schule und Dritte Welt, Nr.45, Texte und Materialien für den Unterricht; Bonn 1974.

Berliner Festspiele Horizonte '79 (Hg): *Afrika. Texte, Dokumente, Bilder*; Wuppertal 1979.

Bovenschen, Silvia: *Über die Frage: Gibt es eine weibliche Ästhetik?*, in: Ästhetik und Kommunikation, Bd.25; 1976.

Brockmann, Clara: *Briefe eines deutschen Mädchens aus Südwest*; Berlin 1912.

Brunner, O./Conze, W./Kosselek, R. (Hg): *Historisches Lexikon zur politisch sozialen Sprache in Deutschland*; Stuttgart 1984.

Demny, Oliver: *Die Wut des Panthers. Die Geschichte der Black Panther Party. Schwarzer Widerstand in den USA,* Münster 1996.

Derrida, Jaques: *Grammatologie*; Frankfurt/Main 1974.

ders: *Sporen – die Stile Nietzsches*; Venedig 1976.

Duden, Anne: *Übergang*; 1982.

Engelhardt, Kerstin: *Weiße deutsche Frauen – Kolonialistinnen in der Vergangenheit, Rassistinnen in der Gegenwart – Das Beispiel Namibia*, in: Hügel, Ika (Hg): Entfernte Verbindungen; Berlin 1993.

Eyferth, Klaus/Brandt, Ursula/Hawel, Wolfgang: *Farbige Kinder in Deutschland – Die Situation der Mischlingskinder und die Aufgaben ihrer Eingliederung*; München 1960.

Falckenhausen, Helene: *Ansiedlerschicksale. Elf Jahre in Deutsch-Südwestafrika 1893-1904*; Berlin 1905.

Fanon, Frantz: *Schwarze Haut, weiße Masken*; Frankfurt/Main 1980.

ders: *Die Verdammten dieser Erde*; Frankfurt 1981.

Foucault, Michel: *Die Ordnung des Diskurses*; Frankfurt 1993.

Franke, Manfred: *Verantwortung für unsere Mischlingskinder*, in: Gewerkschaftliche Monatshefte, 10.Jhg; Köln 1959.

Frankenstein, Luise: *Soldatenkinder. Die unehelichen Kinder ausländischer Soldaten mit besonderer Berücksichtigung der Mischlinge*, Internationale Vereinigung für Jugendhilfe (Hg); Genf, München, Düsseldorf 1954.

Franz, Fritz: *Das Prinzip der Abstammung im deutschen Staatsangehörigkeitsrecht*, in: Instititut für Migrations- und Rassismusforschung (Hg): Rassismus und Migration in Europa; Hamburg 1992.

Fremgen, Gisela: „... *Und wenn du dazu noch schwarz bist – Berichte schwarzer Frauen in der Bundesrepublik*"; Bremen 1984

Gerhard, Ute: *Unerhört. Die Geschichte der deutschen Frauenbewegung*; Hamburg 1990.

Gilman, Sander: *On blackness without blacks. Essays on the image of black in Germany*; Boston-Massachusettes 1982.

Hawthorne, Susan: *Die Politik des Exotischen: Das Paradoxon des kulturellen Voyeurismus*, in: Geteilter Feminismus – Beiträge zur feministischen Theorie und Praxis, 13. Jhg., Bd.27; Köln 1990, 1991[b].

Hegel, Georg W.F.: *Vorlesungen über die Philosophie der Weltgeschichte*, Bd.1; Hamburg 1955.

Hooks, Bell: Ain´t I a Woman; San Francisco 1981.

dies: *Black looks – Popkultur – Medien – Rassismus*; Berlin 1994.

Huntley, Audrey: *Widerstand schreiben ! – Entkolonialisierungsprozesse im Schreiben indigener kanadischer Frauen*, Münster 1996.

Hurston; Zora Neale: *Their Eyes were watching God*; Urbana, Chicago; London 1937[a], 1978.

Informationszentrum Solidarische Welt e.V. (Hg): *Kolonialgeschichte im Familienalbum*; Münster 1992.

Initiative Schwarze Deutsche und Schwarze in Deutschland (ISD): afro-look – eine Zeitschrift von schwarzen Menschen in Deutschland, Nr.16; Berlin 1995.

Irigaray, Luce: *Das Geschlecht, das nicht eins ist*; Berlin 1979.

dies: *Speculum – Spiegel des anderen Geschlechts*; Frankfurt 1980.

Jacob, Günther: *Gesetzlich Garantiert – 'Ethnische Identität'*, in: 17 Grad, Zeitschrift für den Rest, Nr.10; April/Mai/Juni 1995.

Jacoby, Jessica/Lwanga, Gotlinde Magiriba: *Was 'sie' schon immer über Antisemitismus wissen wollte, aber nie zu denken wagte*, in: Geteilter Feminismus, a.a.O., S.95-105.

Kampmann, Bärbel: *Schwarze Deutsche. Lebensrealität und Probleme einer wenig beachteten Minderheit*, in: Andere Deutsche – Zur Lebenssituation von Menschen multiethnischer und multikultureller Herkunft; Berlin 1994.

Kich, G.K.: *The Developmental Process of Asserting a Biracial, Bicultural Identity*, in: Root, M.P.P. (Hg): Racially Mixed People in America; Newbury Park, London; New Dehli 1992, S.304-317.

Ki-Zerbo, Joseph: *Die Geschichte Schwarz-Afrikas;* Frankfurt/Main 1981.

Kirchner, Walter: *Eine anthropologische Studie an Mulattenkindern in Berlin unter besonderer Berücksichtigung der sozialen Verhältnisse*; Berlin 1952.

Koenen, Anne: *Zeitgenössische Afro-amerikanische Frauenliteratur – Selbstbild und Identität bei Toni Morrison, Alice Walker, Toni Cade Bambara und Gayl Jones*; Frankfurt 1985.

Kraft, Marion/Lorde, Audre: *The Creative Use of Difference*, in: Englisch Amerikanische Studien, 3/4, 1986.

Kraft, Marion: *Blick auf eine andere Kultur – ein Frauenliteraturkurs*, in: Einblicke, das Oberstufen-kolleg, Studienjahr 1986/87.

dies: *The Bluest Eye and Black Eyed Susans – Teaching Black Women's literature*, in: Englisch Amerikanische Studien 1/87.

dies: *Zwischen Aversion, Alibi und Anerkennung,* in: Modernisierung der Ungleichheit – Beiträge zur feministischen Theorie und Praxis, Bd.23, 11. Jahrgang; Köln 1988.

dies: *Frauen afrikanischer Herkunft: Feministische Kultur und Ethnizität in Amerika und Europa,* in: Geteilter Feminismus, a.a.O.

Kramer, Fritz: *Verkehrte Welten. Zur imaginären Ethnologie des 19. Jahrhunderts;* Frankfurt/Main 1984.

Kristeva; Julia: *Die Revolution der poetischen Sprache*; Frankfurt/Main 1978.

Kronersmann, Ralph: *Der Philosoph mit der Maske. Foucaults 'L'ordre du discourse'*, in: Foucault, Michel: Die Ordnung des Diskurses; Frankfurt/Main 1993.

Lexikonredaktion des Bibliographischen Instituts (Hg): *Meyers Grosses Taschenlexikon*, Bd.20.

Lorde Audre: *Dichten ist kein Luxus*, in: Schultz, Dagmar (Hg): Audre Lorde. Adrienne Rich – Macht und Sinnlichkeit – Ausgewählte Texte; Berlin 1983[a], 1993[d].

dies: *Auf Leben und Tod. Krebstagebuch*; Berlin 1985.

dies: *Zami. Eine Mythobiographie*; Berlin 1986.

dies: *Lichtflut*; Berlin 1988.

Loth, Heinrich: *Sklavenhandel unter deutscher Flagge?* in: Brentjes, Burkhard (Hg): Der Beitrag der Völker Afrikas zur Weltkultur; Halle/Saale 1977.

ders: *Die Frau im alten Afrika;* Wiesbaden 1986.

Lwanga, Gotlinde Magiriba: *Deutsch, nein danke? Anmerkungen zu Staatsangehörigkeit, BürgerInnenrechte und Verfassung*, in: Hügel, Ika (Hg): Entfernte Verbindungen; Berlin 1993.

Kolonie und Heimat Zeitschrift des Frauenbundes der deutschen Kolonialgesellschaft; 1.-8. Jahrgang, 1907/8-1914/15.

Maillet, Michelle: *Schwarzer Stern*; Berlin 1995.

Mamozai, Martha: *Herrenmenschen. Frauen in deutschen Kolonien*; Hamburg 1982.

dies: *Schwarze Frau – weiße Herrin – Frauenleben in den deutschen Kolonien*; Hamburg 1989.

Memmi, Albert: *Der Kolonisator und der Kolonisierte*; Frankfurt/Main 1980.

ders: *Rassismus*; Fankfurt/Main 1987.

Mohanty, Chandra Talpade: *Aus westlicher Sicht: feministische Theorie und koloniale Diskurse*, in: Modernisierung der Ungleichheit, a.a.O.; S.

Morrison, Toni: *What the Black Woman Thinks About Women's Lib.*, in: New York Times Magazin; 22.8.1971.

Mosse, George L.: *Rassismus – Ein Krankheitssymptom der europäischen Geschichte des 19. und 20. Jahrhunderts*; Königsstein/Taunus 1978.

Mysorekar, Sheila: *Black Aesthetics. Eine Untersuchung von Werken schwarzer amerikanischer Schriftstellerinnen der 70er und 80er Jahre, Magisterarbeit*; Köln 1988.

Oguntoye, Katharina/Opitz, May/Schultz, Dagmar (Hg): *Farbe bekennen – Afrodeutsche Frauen auf den Spuren ihrer Gescichte;* Berlin 1991 (1986[a]).

Olsen, Tillie: *Silences*; New York 1962[a], 1978.

Poliakov, Léon/Delacampagne, Christian/Girard, Patrick: *Über den Rassismus;* Frankfurt/Main, Berlin, Wien 1984.

Pommerin, Reinhard: *Sterilisierung der Rheinlandbastarde – Das Schicksal einer farbigen Minderheit 1918-1937*; Düsseldorf 1979.

Rich, Adrienne: *Disloal to civilization: Feminism, racism, gynephobia*, in: On lies, secrets and silence; New York 1979.

Roth, Karl Heinz: *Zwangarbeit und Kolonialismus – Das Beispiel Deutschlands*, in: Höfer, B. u.a. (Hg): Das fünfhundertjährige Reich. Emanzipation und lateinamerikanische Identität 1492-1992; Frankfurt/Main 1990.

Sadji, Uta: *Der Negermythos am Ende des 18. Jahrhunderts – Eine Analyse der Rezeption von Reiseliteratur über Schwarzafrika*; Frankfurt/Main 1979.

Said, Edward W.: *Orientalism*; New York 1978[a].

ders: The Problem of Textuality: Two Examlary Positions, in: Critical Inquiry, Bd.4; New York 1978[b].

Schenk, Herrad: *Die feministische Herausforderung – 150 Jahre Frauenbewegung in Deutschland*; München 1980.

Schultz, Dagmar: *Unterschiede zwischen Frauen – ein kritischer Blick auf den Umgang mit 'den Anderen' in der feministischen Forschung weißer Frauen*, in: Geteilter Feminismus, a.a.O., S.45-58.

Shakur, Assata: *Eine Autobiographie aus dem schwarzen Widerstand in den USA*; Bremen 1990.

Showalter, Elaine: *A Literature of their Own*; London 1978.

Sigrist, Christian: *„Regulierte Anarchie"*; Frankfurt/Main 1979[2].

Smith, Barbara: *Sexual Politics and the Fiction Of Zora Neale Hurston*, in: The Radical Teacher; 1978.

Spivac, Gayatri Chakravorty: *Subaltern Studies. Deconstructing Historiography*, in: Spivac (Hg): In Other Worlds: Essays in Cultural Politics; New York 1993.

Sprinkler, Michael: *Textual Politics: Foucault and Derrida*, in: Boundary 2. A Journal of Postmodern Literature, Bd.8, Nr.3; 1980.

Stepto, Robert B.: *Intimate Things in Place: Conversation with Toni Morrison*, in: Harper, M./Stepto, Robert B.: Chant of Saints: A Gathering Afro-American Literature, Art and Scholar-ship; Urbana, Chicago, London 1979.

Teo, Thomas: *Zur Identität von sogenannten Mischlingen*, in: Mecheril, Paul/Teo, Thomas (Hg): a.a.O., S.

Van de Broek, Lida: *Am Ende der Weißheit – Vorurteile überwinden. Ein Handbuch*; Berlin 1988.

Walker, Alice: *In Love and Trouble*; New York, London 1973.

dies: *In Search of Our Mother's Gardens*; New York 1974.

dies: *Meridian*; New-York, London 1976[a], 1977.

dies: *Saving the Life That Is Your Own: The Importance of Models in the Artist's Life*, in: Walker, Alice (Hg): In Search of Our Mother's Gardens. Womanist Prose; New York 1983.

Washington, Mary Helen: *Blues women of the seventies*; 1977.

Weigel, Sigrid: *Die Stimme der Medusa – Schreibweisen in der Gegenwartsliteratur von Frauen*; Dülmen-Hiddingsel 1987.

Wolf, Christa: *Kindheitmuster*; Berlin/Weimar 1976[a], Hamburg/Zürich 1979.

Zur Mühlen, Patrick von: *Rassenideologien – Geschichte und Hintergründe*; Berlin, Bonn 1977.

FANTIFA Marburg

Kameradinnen

Frauen stricken am Braunen Netz

145 Seiten, 2. korrigierte Auflage, 30 Abbildungen, DM 19.80, ISBN 3-928300-25-3

Wenig beachtet ist bislang die Beteiligung von Frauen am neuen deutschen Rechtsruck. Faschismus gilt schließlich als ausdrücklich männlich-patriarchale Ideologie. Hier setzen sich die Autorinnen mit der Attraktivität faschistischer Ideologie für Frauen, Organisierten Neofaschistinnen in der BRD, dem Weiblichkeitskonzept im neugermanischen Heidentum, rechtsextremen Funktionärinnen und Schreiberinnen, etc. grundlegend auseinander.

Christiane Lichthardt

Laut(er) starke Mädchen

Selbstverteidigung und Selbstbehauptung an Schulen

2. korrigierte Auflage, 106 Seiten, 18 Abb., DM 18, ISBN 3-928300-32-6

Laut(er) starke Mädchen ist das Konzept einer sehr engagierten Form der Präventionsarbeit gegen (sexuelle) Gewalt. Christiane Lichthardts Werk gibt uns Einblick in ihre politische Motivation, ihr Engagement und die praktische Durchführung ihrer Arbeit. Dabei wird deutlich, daß Selbstverteidigung und Selbstbehauptung nicht alleine im sportlichen Bereich anzusiedeln sind, sondern vor allem eine Form pädagogischer Arbeit im Bereich parteilicher Mädchenarbeit darstellen.

Anne Neugebauer, Marion Böker (Hg.)

Nichts ist Unmöglich ...

... auf dem Weg zu einer feministischen Theorie und Praxis der Ökonomie

182 Seiten, 8 Tabellen und Grafiken, DM 18.00
ISBN 3-928300-22-9

Hier kommen Spezialistinnen aus den Fachgebieten Wirtschafts- und Steuerpolitik zu Wort, die Vorschläge für eine neue feministische Offensive im Sozialstaat zu machen haben.

Assata Shakur: ASSATA. Eine Autobiographie aus dem schwarzen Widerstand in den USA. Mit einem Vorwort von Lennox S. Hinds
ISBN 3-926529-02-4, Broschur, 368 Seiten, (3. Aufl.), DM 29,80, Atlantik Verlag
Nach Jahren politischer Organisierung und in der Konsequenz daraus erfahrener Verfolgung, nach Knast, Mißhandlungen und Flucht schrieb Assata Shakur schließlich im Schutz des auf Kuba gewährten politischen Asyls Ende der 80er Jahre ihre Lebensgeschichte auf - die Geschichte einer bemerkenswerten schwarzen Frau, die gleichzeitig die Geschichte der Black Panther Party und der Black Liberation Army im Kampf gegen die rassistische Gesellschaft der USA ist, in der schwarze Frauen doppelt unterdrückt sind.

Delia Zamudio: Frauenhaut – eine Autobiographie. ISBN 3-929008-29-7, Neuer ISP Verlag; ISBN 3-926529-12-1, Atlantik Verlag, 144 S., DM 25
Eine schwarze Gewerkschafterin und Feministin aus Peru berichtet über ihr Leben – ein sehr persönliches, gleichzeitig aber auch höchst politisches Buch.

Luise F. Pusch: Ladies first. Ein Gespräch über Feminismus, Sprache und Sexualität
ISBN 3-928062-07-7, franz. broschiert, 128 S., DM 20, PALETTE verlag
Luise F. Pusch gehört zu den Müttern der neueren Frauenbewegung in Deutschland. Ihre Hinwendung zur feministischen Linguistik bezahlte sie denn auch mit dem Verlust ihrer aussichtsreichen Uni-Karriere. In dem Gespräch der Reihe Wortmeldung geht es sowohl um drei Jahrzehnte Frauenbewegung als auch um eine brüchige Biographie.

Else Kienle: Frauen. Aus dem Tagebuch einer Ärztin
176 Seiten, 22 DM, Reprint der Originalausgabe von 1932 mit einem Vorwort von Dr. Horst Theissen, ISBN 3-926369-10-8, Schmetterling Verlag
Am 19.2.1931 wird die Ärztin Else Kienle unter dem Verdacht des Verstosses gegen den §218 in mehr als 200 Fällen verhaftet. Noch in der Untersuchungszelle beginnt sie mit Aufzeichnungen für ihre Streitschrift wider den . Ein historisches Zeitdokument, das heute als Reprint wieder im Buchhandel vorrätig ist.

Rita Polm: "... neben dem Mann die andere Hälfte eines Ganzen zu sein !?"
Junge Frauen in der Nachkriegszeit.
220 Seiten, Broschur, DM 24.80, ISBN 3-928300-22-9, UNRAST-Verlag
"Dieses Buch bringt uns ein Stück Frauengeschichte näher. Es ist nicht zuletzt lesenswert für die Kinder der Nachkriegsgeneration, die sich ein Bild von der Jugend ihrer Mütter machen wollen." Frauenzeitung "ab 40"

Alle diese Bücher gibts natürlich im engagierten und gut sortierten Buchhandel oder direkt über:
aLiVe, c/o IBDK, Postfach 167, 63703 Aschaffenburg

aLiVe
assoziation Linker Verlage